# Avant-propos

Même si l'homme y tient presque toujours un rôle, la nature sauvage en France est plus variée et plus étonnante qu'on ne le soupçonne. Vous aider à mieux connaître les paysages, les animaux qui y vivent, la flore, tel est l'objet des guides *Balades nature*. Nous avons sélectionné pour cela des itinéraires simples qui vous emmènent au cœur des sites les plus remarquables. Tendez l'oreille, scrutez le sol, levez la tête, respirez… Vous le constaterez bien vite : pour l'œil averti, chaque sortie s'apparente à un mini-safari. C'est pourquoi nous vous proposons, en addition, un guide d'observation des animaux de la région.

Avec les informations générales en introduction et notre carnet d'associations naturalistes, vous tenez là un véritable **gui[illegible] l'écotourisme dans les Hautes-Pyrénées**.

# Somm[illegible]

N
0 10 km
Balade
Réserve Naturelle
Parc national (zone centrale)
Site d'observation des oiseaux
MONT-DE-MARSAN
p.56 Lac bleu et lac d'Ourrec
Un saphir dans son écrin glaciaire 11
GERS
p.68 Vallon de Serris
La piste aux fougères 14
PYRÉNÉES-ATLANTIQUES
p.72 Vallée du Haut-Adour
En passant par la Bouche 15
AUCH
p.52 Réserve naturelle du Pibeste
Un petit coin de Méditerranée 10
PAU, BORDEAUX
p.48 Mont de Gez
Retour au temps des grands glaciers 9
HAUTES-PYRÉNÉES
p.64 Belvédère du Signal de Bassia
La sentinelle du piémont 13
HAUTE-
Madiran
Maubourguet
Rabastens-de-Bigorre
Vic-en-Bigorre
Tarbes
Trie-sur-Baïse
Puydarrieux
Adour
Louet
Arros
Baïse Darre
Gers
D 935
D 943
D 6
D 934
N 21
D 632
N 117
A 64
D 936
D 921a
D 939
D 932
D 10
D 929

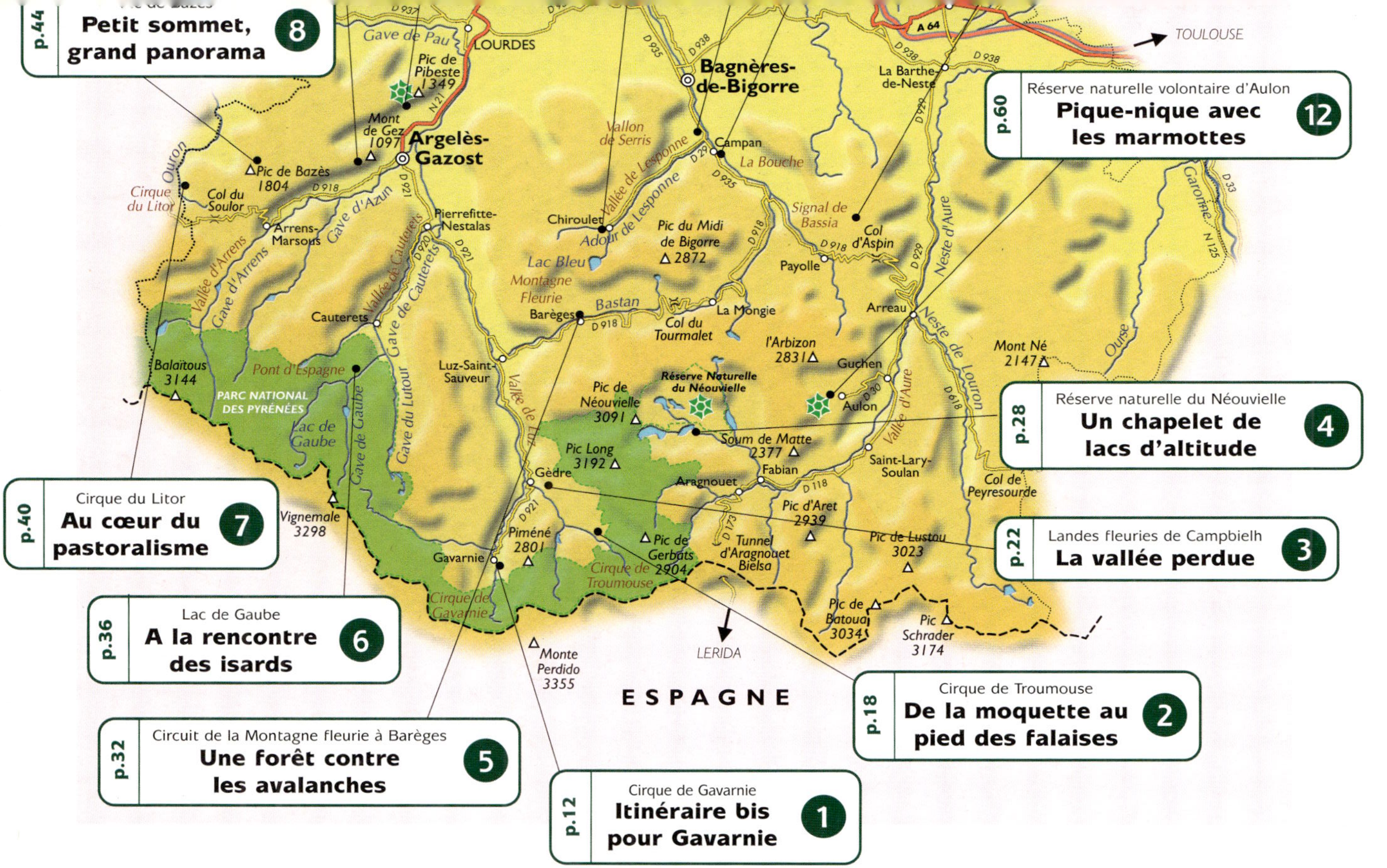
p.44
Petit sommet, grand panorama
8
p.60
Réserve naturelle volontaire d'Aulon
Pique-nique avec les marmottes
12
p.28
Réserve naturelle du Néouvielle
Un chapelet de lacs d'altitude
4
p.22
Landes fleuries de Campbielh
La vallée perdue
3
p.18
Cirque de Troumouse
De la moquette au pied des falaises
2
p.12
Cirque de Gavarnie
Itinéraire bis pour Gavarnie
1
p.32
Circuit de la Montagne fleurie à Barèges
Une forêt contre les avalanches
5
p.36
Lac de Gaube
A la rencontre des isards
6
p.40
Cirque du Litor
Au cœur du pastoralisme
7
TOULOUSE
LOURDES
Bagnères-de-Bigorre
Argelès-Gazost
A 64
D 937
D 938
D 935
D 929
D 918
D 921
D 920
D 618
D 30
D 118
D 173
D 33
N 21
N 125
Gave de Pau
Pic de Pibeste 1349
Mont de Gez 1097
Pic de Bazès 1804
Ouron
Cirque du Litor
Col du Soulor
Arrens-Marsous
Gave d'Azun
Gave d'Arrens
Vallée d'Arrens
Pierrefitte-Nestalas
Vallée de Cauterets
Gave de Cauterets
Cauterets
Balaïtous 3144
Pont d'Espagne
PARC NATIONAL DES PYRÉNÉES
Lac de Gaube
Gave de Gaube
Gave du Lutour
Vignemale 3298
Vallon de Serris
Vallée de Lesponne
Adour de Lesponne
Chiroulet
Lac Bleu
Montagne Fleurie
Barèges
Bastan
Luz-Saint-Sauveur
Vallée de Luz
Campan
La Bouche
Pic du Midi de Bigorre 2872
Col du Tourmalet
La Mongie
Signal de Bassia
Col d'Aspin
Payolle
Arreau
La Barthe-de-Neste
Neste d'Aure
Neste de Louron
Garonne
Ourse
Mont Né 2147
l'Arbizon 2831
Guchen
Aulon
Vallée d'Aure
Réserve Naturelle du Néouvielle
Pic de Néouvielle 3091
Soum de Matte 2377
Saint-Lary-Soulan
Col de Peyresourde
Pic Long 3192
Gèdre
Fabian
Aragnouet
Pic d'Aret 2939
Pic de Lustou 3023
Piméné 2801
Pic de Gerbats 2904
Tunnel d'Aragnouet Bielsa
Gavarnie
Cirque de Troumouse
Cirque de Gavarnie
Pic de Batoua 3034
Pic Schrader 3174
Monte Perdido 3355
LERIDA
ESPAGNE

# Les espaces où la **nature est reine**

*Parc national et réserves naturelles offrent au visiteur le spectacle d'une nature sauvegardée, où la faune et la flore s'épanouissent en harmonie avec l'homme. Dans ce livre, de nombreuses balades permettent d'explorer d'un œil curieux ces jardins du vivant.*

## Le Parc national des Pyrénées

**Frange de plus de 100 km le long de la frontière espagnole, le Parc national offre une très riche diversité de milieux.**

Glaciations et érosion se sont servies de la mosaïque de rochers cristallins et sédimentaires pour créer des paysages hors du commun. Lacs, gorges, cirques cernés d'immenses falaises d'où se précipitent des cascades vertigineuses... Le parc englobe six vallées principales. A l'extrême est, la vallée d'Aure peut s'enorgueillir des plus hautes forêts de pins à crochets d'Europe. Dans la vallée de Luz-Gavarnie, des sommets dépassant 3000 m se profilent autour du célèbre cirque de Gavarnie. La vallée de Cauterets, pays de cascades, voit s'élever le Vignemale, toit des Pyrénées françaises culminant à 3298 m. A l'ouest se succèdent les vallées d'Azun, d'Ossau et enfin d'Aspe, dernier refuge de l'ours brun. Le paysage change également à mesure que, de la vallée, on s'élève vers les hauteurs. Les forêts de hêtres, fleuries de cardamines et de valérianes, cèdent la place aux pins, aux pelouses d'estives et aux landes à rhododendron qu'égayent lis, iris et chardons. Au-delà, le froid très sec contraint la végétation à des prouesses biologiques. Celle-ci se raréfie jusqu'à abandonner la partie, laissant crêtes et sommets se griser de la solitude des hauteurs.

*L'incontournable cirque de Gavarnie, "colosséum de la nature" selon Victor Hugo.*

### Un hôte prestigieux

L'ours a presque disparu de notre pays après plusieurs siècles de chasse et de braconnage. Il en reste quelques individus (5 ou 6 dans les Pyrénées-Atlantiques). Une petite population d'ours slovènes a également été introduite dans la partie centrale de la chaîne. Une rencontre avec cet animal demeure extrêmement rare, mais vous tomberez peut-être sur des indices qui témoignent de sa présence : fourmilières éventrées, griffades sur les arbres, poils, pierres retournées, empreintes, crottes...

- *Voir balades 1, 2 et 6 (zone centrale du parc).*
- *Voir balades 3, 4, 5, 7, 8, 9, 11, et 12 (périphérie du parc).*

A la diversité des milieux correspond une incroyable richesse faunistique. Sur 107 espèces de mammifères que compte la faune française, le parc en accueille 75. Beaucoup parmi eux, aux mœurs nocturnes et furtives, ont su garder le secret sur leur mode de vie. Le Parc national des Pyrénées et sa zone périphérique demeurent le dernier espace de liberté pour les isards et les ours. Vautour fauve, gypaète barbu, faucon pèlerin, aigle royal ou percnoptère... des espèces de rapaces menacées ont également trouvé là un refuge. La marmotte, absente de la chaîne depuis 10 000 ans, a été réintroduite avec succès, à la plus grande joie des jeunes promeneurs. A côté de ces célébrités vivent d'autres espèces, méconnues et pourtant emblématiques de la nature pyrénéenne. Ainsi le desman, ce petit insectivore au corps de rongeur, que vous aurez peut-être la chance (rarissime) de voir s'agiter au bord des torrents qu'il affectionne. Car le milieu aquatique, lui aussi, abrite toute une faune de larves, d'insectes, de crustacés et de bactéries, survivant dans des températures frôlant le zéro. Mais la nature pyrénéenne est coutumière des records, comme le prouve le crapaud accoucheur. Vivant jusqu'à 2400 m dans des eaux gelées, il ne quitte son aspect de têtard qu'après une dizaine d'années.

*Le site du Pont d'Espagne et sa nature fleurie*

## Parc national des Pyrénées

Siège : 59, route de Pau - 65000 Tarbes - Tél. 05 62 44 36 60.
www.parc-pyrenees.com

Chaque secteur abrite une Maison du Parc : vallée d'Aure, vallée de Luz-Gavarnie, vallée de Cauterets, val d'Azun, vallée d'Ossau et vallée d'Aspe. Accueil et documentation, sorties en montagne (environ 15 € la journée pour un adulte), conférences-projections, expositions...

## L'isard : un emblème des Pyrénées

Légèrement plus petit que son cousin alpin le chamois, l'isard vit en hardes dans des lieux escarpés et élevés. En hiver, il se réfugie dans les forêts où il trouve sa subsistance. Trop chassé, menacé de disparition dans les années 1950, il a heureusement bénéficié de la protection du parc national. Au fil des itinéraires de ce guide, nous vous indiquons où vous avez le plus de chances d'en observer.

*Les Hautes-Pyrénées incluent 60 % de la surface du Parc national. Le reste est situé en Pyrénées-Atlantiques.*

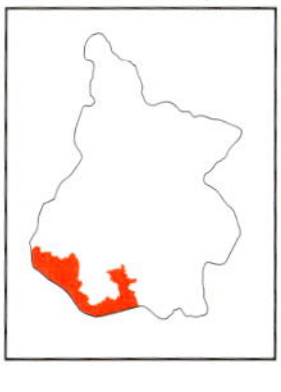

# La réserve naturelle du Néouvielle

**Crêtes déchiquetées flamboyant sous le soleil, estives et pinèdes rocailleuses... Le Néouvielle déploie une succession de paysages superbes, ponctués d'une kyrielle de lacs.**

*Hirondelle de rochers*

## Le pays des cent lacs

Première réserve naturelle créée en France, le Néouvielle se situe à 1h30 de Tarbes. Au fil des millénaires, l'érosion et les glaces ont modelé cet univers de granit. Un véritable chapelet de lacs s'est constitué au fond des cirques, isolés par de hautes arêtes en chenille. Carex et rhododendrons, androsaces et anémones ajoutent leurs touches colorées à ces paysages aux tons jaune vif, vert tendre et gris. Dans ce vivant tableau, parfois zébré par la course d'un torrent de montagne, le promeneur est accompagné par la silhouette furtive des hirondelles de rocher ou par le vol de papillons orangés. A ces eaux naturelles, l'exploitation humaine a ajouté des lacs de retenue, comme ceux de l'Oule ou de Cap de Long, au fond desquels quelque Atlantide pastorale sommeille en attendant, qui sait, une improbable résurrection.

*Des massifs à l'allure menaçante, adoucie par la quiétude des lacs.*

## Un climat à part

L'orientation sud du massif et la protection d'une haute crête confèrent aux lieux un microclimat plus chaud et plus sec. Il a favorisé l'épanouissement de plus de 1200 espèces de plantes, parmi lesquelles des espèces très rares, témoins des glaciations passées. Mais l'arbre emblématique du massif demeure le pin à crochets, qui atteint au Néouvielle ses records d'altitude. Un parfum de Méditerranée flotte ici jusqu'à 2600 m. Ce n'est pas pour déplaire, apparemment, aux multiples passereaux, aux isards et autres marmottes qui se partagent ce royaume protégé.

Voir balade 4

### Un passé blanc comme neige

En langue occitane, Néouvielle signifie "vieille neige". Il y a quelques dizaines d'années en effet, des glaciers descendaient encore du pic éponyme. Ce n'est plus qu'un souvenir aujourd'hui. Même les glaces éternelles finissent par fondre...

### En savoir plus...

Prenez renseignement au Parc national (voir pages précédentes), qui est gestionnaire de la réserve. La Maison du parc la plus proche se trouve à St-Lary :
Maison du parc national
Place de la Mairie
65170 Saint-Lary
Tél. 05 62 39 40 91

*La réserve du Néouvielle est adjacente à la zone centrale du Parc national.*

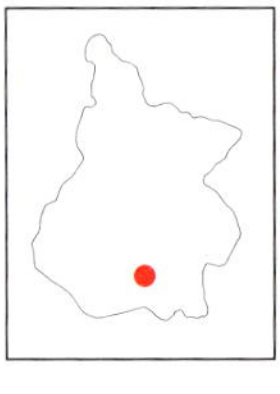

## La réserve naturelle volontaire du Pibeste

La réserve naturelle volontaire du massif du Pibeste au col d'Andorre est née en 1994 de la volonté de quatre communes de se regrouper, afin de mieux protéger et valoriser un espace naturel exceptionnel, tout en préservant les activités humaines agro-pastorales et forestières qui s'y exercent encore. A l'entrée de la vallée du Gave de Pau, la réserve occupe le versant sud d'un chaînon calcaire bénéficiant d'un microclimat plus sec et plus chaud que le reste de la vallée. Cette douceur climatique profite à une flore riche et variée, des plantes d'origine méditerranéenne aux formations végétales montagnardes. La faune de la réserve est particulièrement intéressante grâce à une variété importante de milieux et d'habitats sur une faible surface. La grande diversité d'espèces d'oiseaux, et notamment des grands rapaces, attire de nombreux ornithologues. Une population de mouflons de Corse, introduite en 1978, prospère dans la réserve aux côtés de la grande faune plus classique des massifs forestiers.

*Mouflon*

Voir balade 10

## La réserve naturelle volontaire d'Aulon

C'est près du village d'Aulon que vient d'être créée une réserve naturelle volontaire de 1237 ha. Elle se trouve dans la zone périphérique du parc national et jouxte la réserve naturelle du Néouvielle. Sa création, motivée par la grande richesse naturelle du lieu, n'a pas affecté la pratique des activités traditionnelles. D'un point de vue géologique, le site présente une partie granitique et des ensembles composés de calcaires, schistes et grès, qui sont partiellement recouverts de dépôts récents (moraines glaciaires, éboulis). La variété des expositions de versants et l'altitude étagée entre 1350 m et 2738 m (pic d'Aulon) permettent de rencontrer de nombreux milieux naturels. La flore est constituée d'espèces typiques des différents étages de végétation, avec quelques raretés. On trouve, par exemple, l'androsace des Pyrénées. La richesse des milieux se traduit aussi par la présence de nombreuses espèces animales : le lézard des Pyrénées, l'euprocte, le merle de roche, l'apollon…

Voir balade 12

### Pourquoi "volontaire" ?

Une réserve naturelle volontaire est une propriété privée dont la flore et la faune sauvage présentent un intérêt particulier sur le plan scientifique. Elle est constituée à l'initiative du ou des propriétaire(s) mais nécessite un agrément au niveau départemental. La protection de la nature peut y être tout aussi stricte que dans toute autre réserve naturelle.

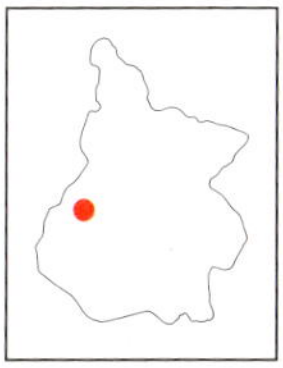

*Le village d'Aulon*

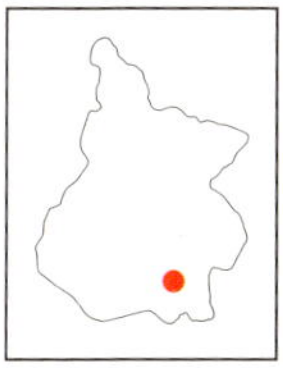

# Le lac de Puydarrieux

**Plan d'eau artificiel devenu une gigantesque halte migratoire, le lac de Puydarrieux est aujourd'hui un site exceptionnel pour observer les oiseaux.**

*Gobemouche gris*

Le lac de Puydarrieux constitue une étape importante pour les oiseaux sur la route des migrations. Plus de 150 espèces sont recensées chaque année, entre octobre et fin février.

A son origine, ce lac artificiel a été construit pour stocker, pendant les mois d'hiver et de printemps, les eaux provenant des Pyrénées. Il contribue de ce fait à satisfaire les besoins en eau de l'activité agricole, des agglomérations, et à compenser l'étiage des rivières.

Lieu de stationnement, d'hivernage et de nidification, cette zone humide artificielle bénéficie depuis 1989 d'un arrêté de protection des biotopes préservant la faune et la flore. Cette protection a permis de voir évoluer les effectifs de certaines espèces d'oiseaux. Les grues cendrées notamment, pour qui cet espace de tranquillité constitue, avant leur migration transpyrénéenne, une halte importante. Certains de ces grands échassiers, devant la douceur de l'hiver du Pays des Coteaux – 400 m d'altitude et peu de neige - y passent même tout l'hiver. On y observe également une grande diversité d'anatidés dont les canards siffleurs, sarcelles d'hiver, canards souchets, milouins, mais également des oies cendrées ainsi que de nombreux petits échassiers tels que les chevaliers aboyeurs, gambettes, bécasseaux variables, échasses blanches... Vous aurez peut-être aussi la chance d'observer la grande aigrette ou le balbuzard pêcheur qui y font de régulières apparitions. Au printemps, les hérons cendrés s'installent dans les arbres de la forêt jouxtant le lac afin d'y nicher. Autour de cette zone de tranquillité, vous rencontrerez la garderie dépendant du Conseil général et chargée de faire respecter les mesures de protection.

*Lac de Puydarrieux*

## Voir sans être vu

La Maison de la nature "La Ferranderie", située à 1,5 km du lac, propose des plans des circuits forestiers avoisinants, des renseignements sur l'avifaune ainsi que des animations et les images d'une caméra placée sur le lac, vous permettant d'observer les oiseaux à distance. Possibilité de se loger et de se restaurer.

**Maison de la nature**
**La Ferranderie**
**34, route de Galan**
**65220 Puydarrieux**
**Tél. 05 62 33 61 66.**
**laferranderie@laferranderie.com**

*Maison de la nature*

*Echasse blanche*

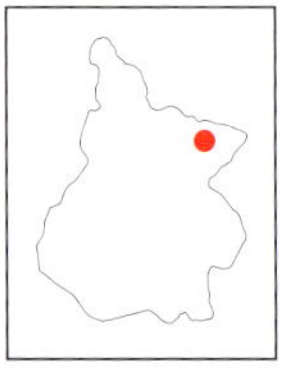

IGN
INSTITUT GEOGRAPHIQUE NATIONAL
Porquerolles
Tour Ste-Agathe
le Moulin du Bonheur
Carrefour des Oliviers
MENU
RETOUR
ZOOM
NAVTEQ ON BOARD

# L'étagement de la végétation

La végétation dépend du climat et de la nature des sols mais aussi, en montagne, de l'exposition du versant et de l'altitude. Le versant adret, le plus exposé au soleil, est favorable aux cultures et à l'habitat, au contraire du versant ubac, moins exposé et souvent moins habité.

**L'étage collinéen** : en dessous de 1 000 mètres d'altitude vivent toutes les espèces qui ne sont pas spécifiquement montagnardes.

**L'étage montagnard** : entre 1 000 et 1 500 mètres environ. Le froid se fait sentir et les feuillus sensibles disparaissent. La forêt typique est mixte : hêtres et sapins.

**L'étage sub-alpin** : entre 1 500 et 2 000 mètres environ. Les feuillus disparaissent complètement et seuls restent les conifères (épicéa, mélèze, pin).

**L'étage alpin** : entre 2 000 et 2 800 mètres environ. Après une lande de transition composée de buissons et d'arbres très résistants, seule une pelouse rase subsiste, les alpages.

**L'étage nival** : au-dessus de 2 800 mètres. Neige et rochers n'accueillent qu'une poignée de plantes, des mousses et des lichens. Seuls quelques rares animaux s'aventurent jusque là…

## Glossaire

**Adret** : versant d'une vallée le plus exposé au soleil.

**Alpage** : pâturage d'été, en haute montagne.

**Ecosystème** : ensemble des organismes vivant dans un milieu, et éléments non-vivants avec lesquels ils interagissent.

**Biotope** : zone géographique délimitée, aux conditions écologiques particulières (sol, humidité…).

**Endémique** : une espèce endémique est une espèce qui n'a été repérée qu'en un lieu unique.

**Névé** : plaque de neige isolée subsistant en été.

**Prés et pâturages** : différence minime. L'herbe du pré est récoltée pour le fourrage tandis que celle du pâturage est consommée sur place par les animaux domestiques.

**Ubac** : versant d'une vallée le moins exposé au soleil.

# Balades
## en Hautes-Pyrénées

### Carte

- 1 Point d'observation et/ou d'orientation
- ✕ Départ
- • • • Itinéraire

### Légende des balades

- 7 km — Distance
- 2 h 30 — Durée moyenne
- Rosnay — Localité la plus proche du point de départ

▶ *Les phrases en italique sont des indications d'orientation*

### Familiers du lieu

- Oiseaux
- Mammifères
- Amphibiens/reptiles
- Poissons
- Insectes

- Comment s'y rendre ?
- Point de départ
- Durée et dénivelé
- Meilleure période d'observation
- Informations complémentaires

# 1 | Itinéraire bis pour **Gavarnie**

*Les Astazous et le Marboré dominent le cirque de Gavarnie dans sa partie est.*

*A travers la forêt montagnarde, gagnez l'un des plus prestigieux sites des Pyrénées par un chemin détourné. Ambiances de sous-bois, panoramas sur la haute montagne et proximité de falaises... Une façon originale d'aborder ce lieu très fréquenté.*

▶ *Après avoir traversé le village de Gavarnie, le chemin du cirque (qui a la largeur d'une piste) traverse le gave (torrent) en le laissant sur votre droite ; vous passez devant un bar ("la chaumière"), et environ 200 m plus loin un panneau sur votre gauche indique "refuge des Espuguettes 2 h". C'est à cet endroit que vous quittez le chemin classique pour entamer une ascension d'une petite heure, qui sera la seule de cette balade.*

❶ Vous êtes à 1400 m d'altitude et au bon endroit pour observer l'étagement de la végétation et des activités humaines autour de vous : le village a laissé la place à quelques granges et aux prés de fauche qui vous entourent ; plus haut se trouve le domaine de la forêt qui, vers 1700-1900 m d'altitude, disparaît au profit des pâturages d'altitudes ou estives, eux-mêmes dominés par la haute montagne, ses rochers et ses neiges éternelles. Vous commencez maintenant l'ascension. A votre gauche, quelques **saules drapés** poussent sur la berge d'un petit torrent. Leurs longues feuilles étroites sont vertes sur le dessus et blanches et cotonneuses en dessous. L'arbuste épineux que le sentier frôle par endroits est un **églantier** ou rosier sauvage. Les premiers lacets vous rapprochent rapidement de la forêt qui se manifeste d'abord par quelques **noisetiers** solitaires et des **pins à crochets** isolés les uns des autres. Les noisetiers donnent aux montagnards de très bons

*Noisetier*

## Quand faire cette balade ?

Certains secteurs de montagne peuvent présenter des risques particuliers en hiver. C'est le cas de la balade qui vous est proposée ici. La portion du circuit appelée "sentier des Espugues" est couramment glacée en hiver, rendant certains passages dangereux, et est par ailleurs balayée régulièrement par des avalanches. Aussi, il est impératif de n'effectuer cette boucle qu'en conditions estivales (juin à octobre, sauf exceptions). Elle est alors sans danger particulier, mais les rudes conditions qui sévissent l'hiver y ont laissé une trace omniprésente.

1 cm = 250 m



bâtons de marche, à la fois solides et légers. Quelques buissons de **genévrier**, ras et piquants, colonisent la pelouse. En moins d'une demi-heure, vous entrez vraiment dans une forêt pyrénéenne classique : **hêtre**, mais surtout **sapin pectiné** et **pin à crochets** vous abritent. Essayez de différencier le sapin du pin : ce dernier présente des aiguilles d'environ 5 cm de long, réunies par deux,

*Ecureuil*

*Carte IGN 1748 OT*

## Les familiers du lieu

Mésange noire, pinson des arbres, bec-croisé, pic noir, chocard à bec jaune, vautour fauve, gypaète barbu, aigle royal, hirondelle de fenêtre…

Ecureuil, isard.

## Le parc national des Pyrénées

**Créé en 1967, il englobe plus de 45 000 hectares de montagne, dont plus de 12 000 en vallée de Luz-Gavarnie. Pour protéger la faune, la flore et les paysages, une réglementation particulière s'applique, qui pourrait se résumer par un seul mot : respect. Ainsi la chasse et la cueillette y sont interdits, le bivouac y est réglementé, et vous ne pouvez pas y emmener votre chien (excepté tenu en laisse sur le chemin classique du cirque de Gavarnie). Une quarantaine de gardes moniteurs sont chargés, entre autres missions, de faire appliquer cette réglementation. Le parc national a très fortement contribué à sauver l'isard, dont les effectifs avaient atteint un niveau critique dans les années 1960 à cause de la chasse.**

*Pic noir*

insérées tout autour du rameau ; les aiguilles du **sapin** sont plus courtes mais surtout étalées de part et d'autre du rameau dans un même plan à la manière d'un peigne (d'où son nom de sapin pectiné), leur dessous présente deux stries longitudinales blanches caractéristiques. Ces deux espèces de résineux vous accompagneront tout au long de cette promenade. Apprenez à les reconnaître ! Le **pin à crochets** est l'arbre susceptible d'être rencontré le plus haut en altitude, jusqu'à 2600 m dans les Pyrénées (record d'Europe !). Il est remarquablement adapté au froid et survit là où les autres espèces ont abandonné le terrain.

❷ Une trouée dans la forêt vous offre un panorama exceptionnel : la haute chaîne qui vous fait face est composée, de droite à gauche (d'ouest en est), du pic des Gabiétous, de la grande pyramide du Taillon, puis de toute la crête sommitale du cirque de Gavarnie : le Casque, la Tour , l'Epaule et le pic du Marboré. La plupart de ces sommets dépassent les 3000 m. La Brêche de Roland restera obstinément cachée par le pic des Sarradets en avant-plan durant toute la balade ! En contrebas s'étend le plateau boisé de la Prade, par où vous reviendrez tout à l'heure, dominé sur l'autre versant par le plateau de Bellevue (la cabane de Pouey Aspé y est bien visible). Le pic herbeux de la Pahule et celui, rocheux, du Mourgat encadrent ce plateau, qui offre lui aussi un point de vue magnifique sur le cirque.

Continuez votre ascension. Un abreuvoir vous attend, alimenté par une source ! Quelques mètres auparavant, vous aurez frôlé un buisson

*Mésange noire*

### Coups de bec

Le pic noir, élégant oiseau de la taille d'une corneille, est le plus grand de nos pics. Il est entièrement noir, à l'exception d'une tache rouge vif à la nuque (femelle) et sur le dessus de la tête (mâle). Il fréquente les bois que vous allez parcourir, et vous aurez peut-être la chance d'entendre son long cri plaintif ou de le voir. Avec un peu d'attention, vous remarquerez les impacts de ses coups de becs dans les troncs des résineux, où il cherche les larves d'insectes dont il se nourrit.

de **framboisiers** sauvages, et peut-être goûté quelques uns de ses fruits (août-septembre).
Encore 10-15 mn et vous quittez la forêt quelques instants. Le sentier parcourt maintenant une pelouse où pousse l'**iris des Pyrénées**, une magnifique fleur bleue qui s'épanouit en juillet-août. ❸ En face de vous se dressent les deux immenses dômes presque symétriques des grand et petit Astazou (voir photo p. 12), séparés par le fameux couloir Swan, haut lieu du pyrénéisme, que certains descendent même à skis ! Observez comment la forêt de **pins à crochets** grimpe à l'assaut du versant ouest du petit Astazou (celui de droite) pour s'y épuiser progressivement sous les contraintes conjuguées du froid et du manque de sol. A gauche des Astazous, le pic rouge de Pailla montre ses couches géologiques tourmentées lors de l'orogenèse. En dessous, le refuge des Espuguettes est posé sur un promontoire qui le met à l'abri des avalanches. Des troupeaux de vaches, chevaux et moutons exploitent ce versant herbeux qui vous surplombe, aussi scrutez le ciel et vous verrez probablement des **vautours fauves** en quête de quelque charogne et peut-être même le **gypaète barbu**, plus grand oiseau d'Europe avec ses presque 3 mètres d'envergure, qui fréquente régulièrement cette montagne.

*Le vautour fauve peut mesurer jusqu'à 2,80 m d'envergure.*

*Gypaète*

▶ *Vous arrivez à une bifurcation matérialisée par des panneaux jaunes sur un piquet. Votre ascension est terminée. Prenez la direction "Cirque de Gavarnie", à droite.*

Vous êtes maintenant au milieu des pins à crochets. Vous entendrez peut-être des sifflements au dessus de votre tête : des passereaux un peu plus gros que des moineaux s'activent sur les cônes de pin qu'ils détachent et décortiquent pour en manger les graines. Ce sont des **becs-croisés des sapins**. Le mâle est rouge orangé, la femelle brun verdâtre. La forme étonnante de leur bec résulte de leur régime alimentaire particulier : c'est un merveilleux outil à disséquer les cônes de pin.

*Bec-croisé des sapins*

▶ *Vous empruntez une passerelle enjambant des vasques calcaires.*

Ce torrent est fréquemment à sec à la fin de l'été . Autour de vous, les **rhododendrons** se font plus abondants.

▶ *100 mètres plus loin, vous arrivez au chalet du Pailla et entrez dans le parc national des Pyrénées (zone centrale), matérialisé par des balises (tête d'isard rouge sur fond blanc) sur les troncs d'arbres.*

Une réglementation particulière s'applique sur ce territoire (voir encadré vert).

▶ *Le sentier franchit par une chicane une clôture destinée à contenir le bétail.*

*Pin à crochets*

❹ Sur la paroi à votre gauche, vous pouvez admirer la **ramonde des Pyrénées**, une espèce endémique ainsi dénommée en hommage à Ramond de Carbonnières, grand pyrénéiste et botaniste du XVIII$^{e}$ siècle. Larges feuilles velues plaquées à la roche et, de juin à août, fleurs violettes à cœur orangé font de cette plante une des plus réputées des Pyrénées.
Vous parcourez maintenant le "sentier des Espugues", une espugue étant un terme local pour désigner un abri sous roche, comme ceux qui jalonnent le parcours que vous effectuez à flanc de cette montagne calcaire. Vous surplombez une forêt de **sapins**, alors qu'au dessus de vous ce sont les **pins à crochets** qui dominent ; l'épaisseur du sol est probablement responsable de ce partage du terrain, et vous verrez que plus loin, à la faveur d'affleurements rocheux, le pin redevient dominant.
Les pins sont maintenant chétifs – à cause des conditions plus rudes et du sol peu épais – et comme torturés par la neige : le poids du manteau neigeux leur donne une forme en crosse à la base du tronc, les avalanches en arrachent certains. Vous traversez bientôt un grand couloir d'avalanche ❺ et apercevez en contrebas quantité d'arbres morts emportés par la neige.

*Hirondelle de fenêtre*

Plus loin à votre gauche, un pan de falaise très humide est colonisé par deux plantes carnivores : la **grassette à longues feuilles** et la **grassette commune**, dont les feuilles vert-jaunâtre secrètent une substance visqueuse qui piège les insectes. Observez les restes de "moucherons" collés aux feuilles.
Des **hirondelles de fenêtre** nichent au dessus de votre tête, sous le surplomb qui abrite le chemin.

▶ *le sentier traverse un ruisseau* ❻

Sortez les jumelles ! C'est le moment de rechercher des **isards**. Cette gracieuse "antilope" pyrénéenne est apparentée au chamois des Alpes, dont elle diffère pourtant suffisamment pour former une espèce à part. Scrutez en amont, dans le peuplement clairsemé de pins au dessus de la cascade.

▶ *Le sentier descend maintenant en lacets, et rejoint l'hôtel du cirque et le sentier classique.*

Depuis l'esplanade devant le bâtiment, observez à la jumelle les pelouses du premier étage du cirque et celles situées à gauche du sommet de la grande cascade, vous y verrez peut-être d'autres isards…

De petits corvidés à bec jaune volent aux alentours, ce sont des **chocards** (et non pas des choucas), oiseaux très courants en montagne, et qui peuvent former de grands rassemblement en hiver.

▶ *Le retour s'effectue par le chemin classique, tellement large et fréquenté qu'il n'y est pas possible de s'égarer ! En une heure environ, vous rejoignez votre point de départ.*

*Chocard*

Lors de ce trajet de retour, vous parcourez les espaces que vous surplombiez tout à l'heure. Ainsi vous passez en terminus du grand couloir d'avalanche, au milieu des bois morts. Sur le plateau dit de la Prade ❼, vous remarquez que le boisement est composé de pins à crochets et non pas de sapins comme sur les versants proches. Cette apparente anomalie s'explique par le fait que les versants, bien que plus hauts en altitude, sont plus chauds car plus ensoleillés en hiver que le plateau qui, à l'ombre de la grande muraille du cirque, est une vraie glacière. Cette forêt ne voit pas le soleil de décembre à mars et il y règne alors une ambiance lapone qui vaut le détour !

**Laurent Nédélec**

## On dirait un chamois…

Eh non ! C'est un isard. D'un poids d'une trentaine de kilos, il est légèrement plus petit que son cousin des Alpes, dont il diffère aussi par un pelage hivernal beaucoup plus contrasté, avec notamment une grande "écharpe" noire descendant de ses oreilles jusqu'à la face antérieure de ses pattes avant. Il fréquente la haute montagne, certes, mais il sait aussi profiter de la riche végétation de l'étage collinéen s'il y trouve la tranquillité.

## PRATIQUE

A Lourdes, prenez la direction d'Argelès Gazost, d'où la route D921 vous mène à Luz Saint-Sauveur puis Gavarnie. Garez-vous près du village (stationnement payant en juillet-août).

Traversez le village par la rue principale : vous êtes sur le chemin du cirque, qui longe le gave.

Prévoyez une demi-journée, la durée de marche effective étant d'environ 3h. A peu près 400 m de dénivelé. Les chiens sont interdits sur ce circuit (parc national).

Période : hors neige.

A visiter : la Maison du parc national, dans le village. Exposition, projection de films… Tél. 05 62 92 42 48

# 2 | De la moquette au pied des **falaises**

*Une muraille culminant à 3000 m et longue de 15 km sépare deux mondes : en bas, le bétail et la faune sauvage des estives pyrénéennes parcourent un plateau herbeux ; en haut, les rapaces observent. Voici le majestueux cirque de Troumouse.*

*Lumière du soir sur les falaises du Soum des Tours et de la Sède.*

Cet itinéraire permet de découvrir le cirque de Troumouse par sa partie est, la moins fréquentée.

▶ *A la sortie du hameau de Héas, arrêtez-vous au parking sur la gauche de la route, à côté d'un parc à bétail. Le sentier part de ce parking et bifurque au bout de 30 m. Prenez à gauche, direction la cabane de l'Aguila.*

Vous voilà parti pour une petite heure de montée sur un sentier en lacets qui conduit au vallon de l'Aguila, où vous attendent les **marmottes**. Vous verrez peut-être un de ces sympathiques rongeurs dès le parking puisque certains d'entre eux fréquentent le bord de la route. Leur sifflement d'inquiétude anime la montagne après le long repos hivernal qui les maintient 6 mois dans leur terrier. En passant sur le sentier empierré, vous faites fuir de nombreux **lézards des murailles** qui prenaient le soleil. Parfois, un petit serpent de couleur beige avec des dessins noirs se laisse entrevoir : c'est une **coronelle lisse** qui cherche probablement à attraper un jeune lézard. L'abondance des reptiles sur ce versant ensoleillé attire souvent un très beau rapace que vous verrez peut-être en vol stationnaire, le regard rivé au sol. Avec ses 1,90 m d'envergure, son ventre blanc moucheté de brun et sa "cagoule" brune, le **circaète Jean-le-Blanc** est un des plus beaux visiteurs estivaux de la vallée. Le sentier déroule ses lacets au milieu d'une végétation relativement rase.

## Elevés en plein air

La charge pastorale est très importante à Troumouse. Comme dans toute la vallée, les troupeaux que vous voyez sont destinés à la production de viande. Il n'y a quasiment pas de production laitière dans cette région des Pyrénées. Les troupeaux ne sont pas gardés mais reçoivent de temps en temps la visite de leur propriétaire.

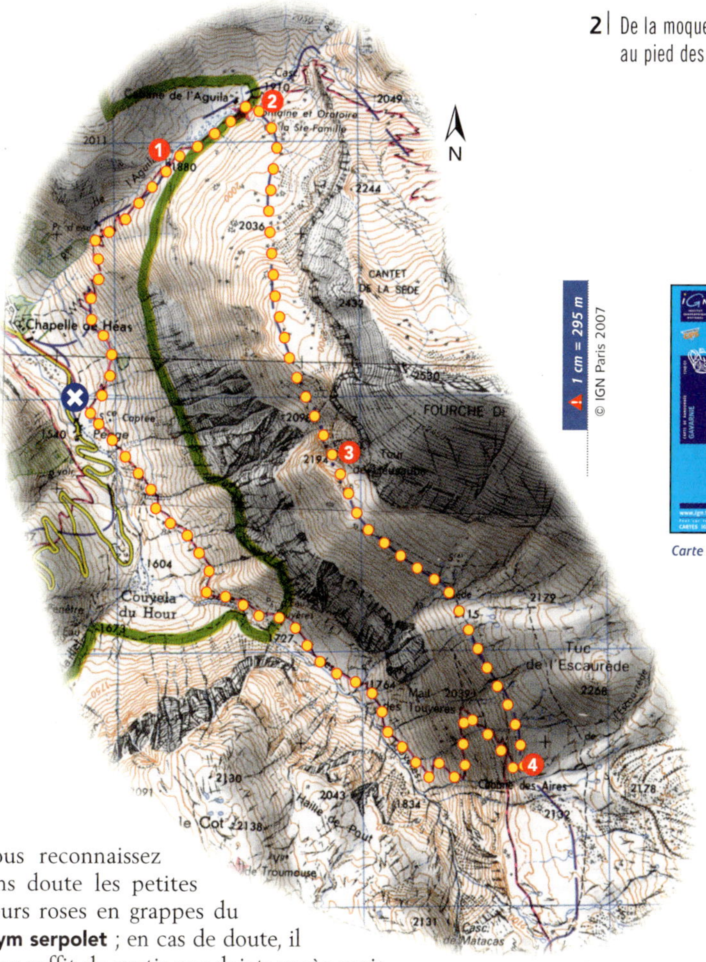


1 cm = 295 m

© IGN Paris 2007

*Carte IGN 1748 OT*

Vous reconnaissez sans doute les petites fleurs roses en grappes du **thym serpolet** ; en cas de doute, il vous suffit de sentir vos doigts après avoir froissé une feuille. Les grandes tiges de l'**asphodèle blanc** supportent des fleurs blanches perchées à 50 cm de hauteur ; l'**iris des Pyrénées**, bâti sur le même modèle, exhibe ses magnifiques fleurs bleues. Plus à ras de terre, l'**hélianthème numulaire** présente ses fleurs jaunes ou parfois roses à cinq pétales, la **saxifrage paniculée** pousse sur les rochers. De ses feuilles regroupées en rosette s'échappe une tige d'une quinzaine de centimètres portant plusieurs fleurs d'un blanc jaunâtre.

▶ *Vous débouchez sur le vallon perché de l'Aguila* ❶.

Le gave s'écoule sur votre gauche. Avec un peu de chance, vous pouvez y observer un oiseau de la taille d'un merle, avec un

## LES FAMILIERS DU LIEU

Pipit spioncelle, traquet motteux, accenteur alpin, rouge-queue noir, vautour fauve, aigle royal, gypaète barbu, circaète Jean-le-Blanc, faucon crécerelle, chocard à bec jaune, crave à bec rouge, cincle plongeur.

Marmotte, isard, hermine, renard.

Lézard des murailles, coronelle lisse, grenouille rousse, euprocte des Pyrénées.

*Cincle plongeur*

### Patrimoine mondial de l'humanité

**En 1997, l'Unesco a classé le massif Gavarnie-Mont Perdu au Patrimoine mondial de l'humanité. Le cirque de Troumouse en fait partie, ainsi que ceux d'Estaubé et de Gavarnie. Côté espagnol, les canyons d'Ordesa, Anisclo, Escuain et Pineta sont également classés.**

### "L'herbe qui pique"

Le gispet est une graminée qui présente la faculté remarquable d'être identifiable avec les fesses ! C'est bien pratique quand on sait la difficulté à différencier les espèces de graminées en général. Il vous arrivera sans doute, au moment de la pause, de vous affaler dans l'herbe verte… et de vous relever encore plus vite sous les piqûres : vous êtes sur du gispet (Festuca eskia), espèce qui n'existe en France que dans les Pyrénées.

plastron blanc, filant au ras de l'eau ou bien posé sur un rocher et descendant à pied dans l'eau jusqu'à y disparaître totalement quelques secondes. C'est le **cincle plongeur**, qui cherche sa nourriture au fond du ruisseau (invertébrés aquatiques). Les marmottes égayent la pelouse sur l'autre rive, essayez de repérer les entrées de leurs terriers. L'imposant versant sud du Soum des Tours vous domine à votre gauche. A l'aide de jumelles, vous pouvez chercher les **isards**, nombreux dans ce secteur. Ils peuvent arpenter les endroits herbeux haut perchés ou, s'il fait chaud, se réfugier à l'ombre des rochers ou encore se coucher sur les derniers névés. Dans les endroits humides au bord du sentier, une petite plante carnivore, la **grassette commune**, étale ses feuilles vert jaune recouvertes d'un mucus capturant les petits insectes. Sa fleur ressemble à une violette.

▶ *Vous atteignez une petite fontaine surplombée d'une statue religieuse. Quelques mètres après la fontaine, quittez le sentier principal en empruntant une petite sente sur votre droite* ❷*. Ce cheminement monte sur les pelouses à droite. Il est peu visible au départ mais se trouve aisément après avoir parcouru 200 m. Par temps de brouillard, il est préférable, si vous ne le trouvez pas, de rebrousser chemin.*

Pendant une bonne heure, vous montez en direction du sud sur une pelouse parsemée de gros blocs rocheux tombés de la belle falaise sur votre gauche. Vous aurez peut-être la chance d'être survolé par l'**aigle royal**, qui fréquente assidûment cette montagne.

▶ *Le chemin se rapproche maintenant de la falaise, et vous allez passer dans un éboulis dominant un couloir très raide. Prudence ! Vous passez ensuite entre la falaise et le grand piton rocheux à droite* ❸*.*

*Aigle royal*

C'est la tour de Lieusaube. Adossés à de gros rochers, des bouquets de grandes fleurs bleues mettent une touche de couleur vive dans le paysage. Observez cette plante : les grandes tiges (près d'un mètre) dotées de feuilles très découpées sont surmontées d'une grappe de fleurs dont le pétale supérieur en forme de casque masque en partie les autres pétales. C'est l'**aconit Napel**, très toxique comme tous les aconits. La pente s'adoucit maintenant, l'horizon s'élargit sur le cirque de Troumouse que vous abordez par son extrémité nord-est. Sur le grand plateau herbeux que vous foulez maintenant, près de 3000 moutons et plus de 200 vaches passent l'été à brouter, empêchant ainsi la végétation d'évoluer naturellement vers la lande à **genévriers** et **rhododendrons**, qui est présente par lambeaux dans les endroits les moins pâturés. Cette richesse pastorale attire les grands rapaces charognards qui se repaissent des carcasses du bétail mort en estive. **Vautours fauves** et **gypaètes barbus**, les premiers en grand nombre, les seconds plus rares, survolent quotidiennement le plateau de Troumouse.

▶ *Devant vous, à quelque 400 m, vous apercevez la cabane des Aires, votre prochaine étape. Le sentier y mène directement en restant "à niveau".*

Autour de vous, les parois calcaires du cirque forment un immense demi-cercle culminant à 3133 m au pic de la Munia. Un petit glacier accroché aux parois de la Munia est une relique de l'immense champ de glace qui a sculpté ces reliefs impressionnants pendant l'ère Quaternaire.

▶ *Prenez le sentier qui descend depuis la cabane des Aires dans le vallon de Touyères* ❹. *Rapidement, vous atteignez une bifurcation. A gauche le sentier mène au lac des Aires, souvent à sec dès la fin juillet. Si le cœur vous en dit, vous pouvez y faire un aller-retour rapide (une demi-heure). Sinon continuez la descente qui, après quelques lacets, vous amène au bord du gave des Touyères.*

Marmotte

Les **isards** sont fréquents dans la montagne qui vous entoure. Le sentier, passant au milieu de colonies de **marmottes**, vous ramène sans difficulté jusqu'à votre véhicule en une petite heure.

**Laurent Nédélec**

## Les passereaux du cirque

Les pelouses du cirque de Troumouse sont animées par de nombreux passereaux de plusieurs espèces. Le traquet motteux est un des plus abondants. La femelle est plus terne que le mâle mais tous deux arborent, notamment en vol, un croupion blanc bien visible qui les différencie des autres habitués des lieux. Le pipit spioncelle est aussi abondant sur les estives. Son plumage brun dessus et clair avec des mouchetures brunes dessous est assez discret, mais vous entendrez sûrement ses cris aigus ("piiit"). Le rouge-queue noir est souvent perché sur un rocher en évidence, d'où il guette les insectes qui composent son menu.

**PRATIQUE**

- ▶ A Lourdes, prenez la direction d'Argelès Gazost, d'où la route D921 vous mène à Luz Saint-Sauveur. Prenez alors la route de Gavarnie jusqu'à Gèdre. A la sortie du village de Gèdre, prenez à gauche la direction indiquée Héas, cirque de Troumouse.
- ✖ Parking près d'un enclos à bétail, après la chapelle de Héas et avant le pont.
- Environ 4 heures, 600 m de dénivelé.
- Hors neige, sans brouillard.

Landes fleuries de Campbielh

13 km | 5 à 6 h | Gèdre

# 3 | La vallée **perdue**

*A l'écart des sites touristiques, les amoureux de nature et de grands espaces seront séduits par la vallée de Campbielh : isolée, sauvage, très riche en faune et flore... Un bout de montagne à découvrir absolument.*

*Les granges de Campbielh cueillent leurs premiers rayons de soleil.*

▶ *Le point de départ est le petit parking situé au bout de la route du hameau de Gèdre-Dessus ("Moules Déra"). Le sentier débute à 30 mètres du parking, au pied de la grande maison aux volets verts (panneau jaune indiquant le lac de Bassia).*

Le chemin vous conduit rapidement dans une superbe hêtraie dont certains arbres sont plus que centenaires. Si la montée vous semble sportive en ce début de matinée, les nombreuses sources et prairies humides sont autant d'occasion pour de petites pauses : les **linaigrettes**, à la houppe soyeuse comme du coton, côtoient les **grassettes** carnivores. Ces plantes piègent en effet de petits insectes sur la surface collante de leurs feuilles.

*La linaigrette*

▶ *Dans le bois, à la bifurcation* ❶*, prenez à droite la direction "lac de Bassia".*

Avec beaucoup de discrétion, vous aurez peut-être la chance de rencontrer le **chevreuil**, habitant discret de ces bois ou, beaucoup plus rare, le **grand tétras** ou **grand coq de bruyère**. Ce superbe oiseau, aux parades nuptiales spectaculaires, vit dans la hêtraie-sapinière d'altitude. Il est malheureusement victime de la chasse et du dérangement, et ses effectifs sont en baisse sensible dans les Pyrénées. Plus sûrement, vous entendrez le **pic noir**, au long sifflement métallique.

## Les familiers du lieu

- Cincle plongeur, vautour fauve, rouge-queue noir, circaète Jean-le-Blanc.
- Isard, marmotte, renard.
- Vipère aspic, grenouille rousse.

▲ (1 cm = 380 m)

© IGN Paris 2007

*Vous commencez votre ascension matinale dans une vieille hêtraie.*

*Carte IGN 1748 OT*

▶ *A la sortie du bois, poursuivez jusqu'à Baserque* ❷*, où le sentier se perd un peu. Vous le retrouverez qui monte légèrement, environ 50 m après les granges.*

Vous cheminez maintenant dans un paysage de landes dominé par le **rhododendron**, la **callune** et le **genévrier**, petit conifère aux baies aromatiques. Au mois de juillet, la floraison pourpre du **lis martagon** accompagne le bleu profond de l'**iris des pyrénées** ou de l'**aconit napel**, aux fleurs en forme de casque. En

## La magie des plantes

Les savoirs populaires relatifs aux plantes médicinales tendent à disparaître. Pourtant, à une époque encore récente, les montagnards soignaient leurs bêtes et eux-mêmes à l'aide des plantes qu'ils connaissaient et trouvaient sur place. Voici quelques exemples de plantes médicinales ou à usage vétérinaire, toutes présentes dans la vallée de Campbielh : arnica (contusions et blessures), daphné bois-joli (ligature des verrues du pis), hellébore fétide (gale des brebis) , genévrier et raisin d'ours (diurétique), pin à crochets (maux de gorge et poumons), verâtre blanc (pour faire tomber les dents cariées), etc.

La couleuvre finit parfois dans l'estomac du circaète.

## Des serpents en plat principal

**A la belle saison, le circaète Jean-le-Blanc aime chasser dans les landes de Campbielh. Ce beau rapace de près de deux mètres d'envergure se nourrit essentiellement de reptiles et surtout de serpents (vipères, couleuvres). Avec un peu d'habitude, vous le reconnaîtrez assez facilement : dessous du corps et des ailes d'un blanc presque uniforme, c'est un adepte du vol sur place qui apprécie les ascendances thermiques. Il installe son aire dans un arbre où le couple ne pond qu'un seul œuf. Grand migrateur, le circaète Jean-le-Blanc quittera nos contrées dès la fin de l'été et passera l'hiver au chaud dans le sud du Sahara. Comme tous les rapaces, le circaète Jean-le-Blanc est une espèce protégée sur tout le territoire métropolitain (décret du 25 novembre 1977).**

août, en bordure du sentier, de nombreuses **framboises** et **myrtilles** invitent à la cueillette, à moins que le **renard** ne soit passé avant vous !

La lande est aussi l'habitat de la **perdrix grise**, dont le mimétisme avec la végétation herbacée écarte malheureusement toute chance de l'observer longuement. Seul un brusque envol "sous votre nez" trahira sa présence.

Le lac de Bassia : un bon endroit pour casser la croûte en compagnie de charmantes demoiselles (libellules), avant de redescendre vers la vallée.

Plus facilement repérables, les **isards** apparaîtront dans vos jumelles si vous prenez le temps d'observer les zones rocheuses, particulièrement sous la crête de Campbielh, sur votre droite. Moins farouches, les **marmottes** se laisseront surprendre pendant leur sieste, jouissant paresseusement de la chaleur du soleil.

▶ *Après le petit plateau ❸, le sentier entame une montée vers le lac, maintenant tout proche.*

Libellules

Ça y est, vous voilà arrivé au lac de Bassia, perché à 2275 m d'altitude. Vous pouvez piquer une tête, la profondeur est suffisante, mais attention au choc thermique. Commencez par tremper les pieds, ce sera déjà très courageux !

Truite fario

Lagopède

C'est surtout le lieu idéal pour casser la croûte après trois bonnes heures de montée. Les eaux cristallines du lac abritent la **truite fario**, que l'on observe parfois gober des insectes à la surface de l'eau. Quelques **libellules**, dont l'**aeschne des joncs**, chassent également avec précision et rapidité, au cours des journées les plus chaudes de l'été. Le lac est dominé au nord par l'imposant Pic Long (3192 m), le plus haut sommet pyrénéen ayant un massif entièrement français. Au sud-est, le Soum (pic) des Salettes sépare la vallée de Campbielh de la vallée d'Aure, accessible par le "port" (col) de Campbielh. C'est le domaine du **lagopède**, oiseau ressemblant à une poule dont le tarse et les doigt sont couverts de plumes, ainsi que du **génepi** et de l'**androsace des Pyrénées**.

Circaète Jean-le-Blanc

▶ *Depuis la rive nord du lac de Bassia, suivez la petite sente peu évidente qui descend au nord-ouest vers une petite zone humide* ❹ *puis vers le gave (cours d'eau).*

Les vastes pelouses que vous traversez maintenant sont formées de **gispet**, l'herbe qui pique (fesses sensibles s'abstenir ! Voir encadré p.20) et de la **réglisse**, trèfle à la racine sucrée qui parfume, dit-on, la viande des moutons du pays. Soyez attentifs, le **renard** maraude souvent dans les parages.

▶ *Traversez le gave* ❺ *pour rejoindre la cabane du Sausset (toujours ouverte).*

Une halte s'impose à cette jolie cabane aux murs de pierre et au toit d'ardoises. Principalement en fin de printemps et début d'automne, c'est un lieu privilégié pour observer les **isards** souvent proches et parfois nombreux. Ce peut être aussi l'occasion de scruter le ciel à la recherche des grands rapaces pyrénéens : **aigle royal, gypaète barbu, vautour fauve**. Ce dernier charognard peut former des escadrilles de plusieurs dizaines d'individus : c'est souvent le signe qu'une charogne a été

## Un peu de gascon

La vallée de Campbielh est située dans le pays Toy, qui comprend la vallée de Barèges et celle de Gavarnie depuis Chèze. Toy est un mot gascon désignant, en zone de montagne, un enfant ou un jeune homme. Pour les habitants de la plaine et d'Argelès-Gazost, il s'appliquait de façon péjorative à l'ensemble des montagnards de la vallée, considérés comme de petites gens. Aujourd'hui, le terme Toy affirme avec fierté l'identité valléenne. Le parlé Toy désigne le dialecte local issu du gascon. Tout au long de votre balade, vous recontrerez des nom Toys : Campbielh (champs vieux), Baserque (barrière), Bassia (lieu où les bergers rassemblent les "bassius", c'est-à-dire les agneaux et brebis de l'année précédente), Grabassets (lieu bourbeux, marécageux), etc.

Le proverbe Toy le plus célèbre : "U Toy nou gragn, qué Diou, ets pèriclés, éra lid !" (un Toy ne craint que Dieu, les coups de tonnerre et l'avalanche !).

repérée, et que la curée ne saurait tarder. Le **circaète Jean-le-Blanc** est aussi fréquemment observé dans la vallée (voir encadré vert).

*Bergeronnette des ruisseaux*

▶ *Descendez ensuite rive droite du gave vers les granges de Campbielh* ❻.

En suivant la rivière, vous verrez sûrement le **cincle plongeur** ou merle d'eau, au vol rectiligne. Cet oiseau, orné d'un superbe plastron blanc, a la particularité de chercher sa nourriture sous l'eau, où il nage grâce à... ses ailes ! La **bergeronnette des ruisseaux**, au ventre jaune et à la queue très longue, lui tient souvent compagnie. Les granges de Campbielh sont utilisées à la belle saison par quelques éleveurs du village de Gèdre, toujours

*Les granges de Campbielh, dont certaines sont à l'abandon*

très accueillants. Mais certains bâtiments ne sont déjà plus que des ruines, habitat très favorable au **lézard des murailles** et au **sédum âcre**, fleur jaune à cinq pétales en forme d'étoile. Les troupeaux domestiques transhument chaque mois de juin vers ces estives (pâturages d'altitude), également prisées par le **sanglier**, qui y cherche avec son groin bulbes et racines tendres, retournant au passage les meilleures prairies. Vaches et moutons redescendront à l'automne dans la vallée, avant les premières neiges.

## Quelques secrets de demoiselles

Ne vous attendez pas aux confidences des jolies bergères de la vallée ! Les demoiselles sont aussi d'élégantes libellules observées l'été jusqu'à des altitudes supérieures à 2000 m.

Chez ces insectes, tout est étonnant : la grosseur de leurs yeux, la transparence de leurs ailes, la couleur de leur abdomen (noir, gris, bleu, vert, jaune, orange, brun), leur accouplement acrobatique (en vol s'il vous plaît !), leurs mandibules féroces (ce sont de redoutables prédateurs d'insectes). Les libellules habitent tous les types de milieux aquatiques depuis des centaines de millions d'années mais subissent maintenant de plein fouet leur dégradation (pollution, calibrage des cours d'eau, assèchement des zones humides). On estime qu'en France près de la moitié des espèces de libellules est en danger.

▶ *Après les granges de Campbielh, suivez le sentier qui longe le gave rive droite pendant 700 m, puis traversez le pont des Grabassets* ❼ *pour rejoindre le bois.*

Le long des rives du cours d'eau, vous pourrez admirer la floraison spectaculaire du **saxifrage aquatique**, d'un blanc éclatant, ainsi que la **sphaigne**, véritable mousse absorbante, et la **droséra**, aux petites feuilles rondes rougeâtres. Ces dernières possèdent des poils glanduleux, véritable piège à glue pour les insectes qui seront ensuite digérés par la plante.

▶ *Une fois dans le bois, continuez le chemin sur environ 1 km. Vous rejoindrez alors le même itinéraire qu'à l'aller et atteindrez sans difficulté le point de départ.*

**Fabien Salles**

*Les landes de Campbielh*

## PRATIQUE

Depuis Lourdes, prenez la direction de Gavarnie par la N21 puis la D921. Passez Argelès-Gazost puis Luz Saint-Sauveur toujours en direction de Gavarnie. A l'entrée de Gèdre, prenez immédiatement la petite route à gauche (D178) qui monte en lacets raides vers Gèdre-Dessus. Continuez toujours tout droit jusqu'au bout de la route, pour rejoindre le départ de la balade (petit parking).

Le sentier démarre dans le dernier virage à 30 m du parking, au pied de la grande maison aux volets verts.

Prévoyez une journée pour une durée de marche de 5 bonnes heures. 1000 m de dénivelé. Partez tôt en matinée, vous éviterez les orages. Pour bons marcheurs uniquement.

Balade possible de la fin du printemps jusqu'au début de l'automne. La flore est particulièrement belle début juillet et la baignade possible au lac de Bassia, pour courageux seulement, (rafraîchissement garanti !). Evitez les jeudis, samedis et dimanches du mois d'octobre, c'est la chasse à l'isard.

Le lac de Bassia est en zone centrale du parc national des Pyrénées (limite verte sur la carte IGN). Renseignez-vous sur la réglementation particulière en appelant le 05 62 44 36 60 (chiens et camping interdits notamment). A proximité du départ de la balade, possibilité de visiter les moulins de Gèdre-Dessus, superbement restaurés. Informations à l'office de tourisme de Gèdre (tél. 05 62 92 48 05).

# 4 | Un chapelet de **lacs d'altitude**

*Perles cristallines reliées par de multiples sentiers, les lacs du Néouvielle reflètent comme des miroirs le relief hérissé du massif. Comment résister à l'envie de parcourir ce magnifique jardin ?*

*Le lac d'Aumar. Au fond, le pic de Néouvielle.*

Vous vous trouvez sur le parking du lac d'Orédon, dans la Haute vallée d'Aure. Remarquez dans le massif les formidables travaux de maîtrise de l'eau, non seulement pour la production d'électricité, mais aussi pour l'irrigation du plateau de Lannemezan par le canal de la Neste. La route qui vous a conduit jusqu'ici fait partie de ces aménagements. Les voitures ne peuvent pas aller plus loin en pleine saison, et des navettes acheminent touristes et visiteurs aux lacs d'Aubert et Aumar. Mais pour les randonneurs curieux, c'est un véritable plaisir d'emprunter le sentier qui relie ces lacs par le haut. A vous de jouer !

▶ *Depuis le parking (1856 m), prenez un sentier avec un panonceau qui indique le chalet-hôtel d'Orédon et le Col d'Estoudou. Ce sentier, un peu raide au début, débouche bientôt sur une piste goudronnée (à droite, elle conduit au chalet-hôtel). Suivez quelques mètres à gauche cette piste, et quittez-la par un sentier (indiqué par un panonceau). Ce dernier, bien tracé, vous fait gagner rapidement de l'altitude, parfois en lacets, parfois plus rudement.*

Montez doucement et à petits pas, et prenez votre temps pour éviter la fatigue et savourer la belle pinède que vous traversez : des **pins sylvestres** au tronc rouge (qui grimpent jusqu'à 2000 m dans les soulanes* de ce massif), des **pins à crochets**, des hybrides, quelques **sorbiers** et **bouleaux** parsemés... et en sous-bois, le **rhododendron** coloré. Ce paysage forestier est la végétation d'origine du massif avant que, par endroits, les bergers gagnent de la place sur la forêt pour agrandir les pâturages.

* *Soulane : mot béarnais signifiant le versant ensoleillé d'une montagne.*

## Les tourbières et leurs dangers

Certains végétaux des lacs, en mourant, se décomposent partiellement et s'accumulent en formant, avec le temps, un sol épais : la tourbe. Les tourbières constituent un milieu particulier et fragile, où habitent des plantes telles que la drosera, qui piège les insectes dans ses poils collants avant de les digérer.

1 cm = 295 m
© IGN Paris 2007

En grimpant sur les rochers, le tichodrome échelette laissera entrevoir ses magnifiques ailes rouges.

▶ *Vous passez près d'un balcon naturel* ❶*. Profitez-en pour reprendre votre souffle et admirer le fantastique panorama sur les montagnes environnantes.*

*Continuez la montée pour arriver (hors de la forêt) à un carrefour* ❷*. Même si votre chemin continue vers la gauche (panneau), cela vaut la peine de pousser jusqu'au col d'Estoudou (2260 m) à 5 mn à droite, et d'admirer de l'autre côté, vers le nord-est, le massif de Bastan. Puis revenez vers le carrefour et prenez le chemin indiqué vers Aubert et Aumar. Vous continuez à mi-pente sur ce joli chemin à petites montées et descentes, toujours dans la forêt, qui offre de belles vues sur la réserve.*

Le sentier traverse un petit torrent et monte sur une croupe, puis par une combe herbeuse ; vous êtes sorti de la pinède et vous laissez à droite quelques petits lacs et **tourbières** à différents stades de formation, où vous pourrez apprécier, en cherchant un peu, la rare et insectivore **droséra** ❸.

▶ *Vous arrivez sur un grand plat à tourbières que vous longerez par la droite ; puis une petite montée (attention ! marmottes à droite dans les blocs), une petite descente et…*

Carte IGN 1748 ET

## LES FAMILIERS DU LIEU

- Grands rapaces abondants : vautours, gypaète… et une cinquantaine d'espèces d'oiseaux. Parmi eux : grand tétras, lagopède, tichodrome…
- Quelques isards de passage, marmottes, renards, sangliers…
- Grenouille rousse, triton palmé, crapaud accoucheur, l'endémique euprocte (triton) des Pyrénées…

## Le crapaud qui ne voulait pas grandir

**Le crapaud accoucheur, une espèce de plaine, est aussi présent dans le massif du Néouvielle, où il survit dans des lacs à 2400 m d'altitude. La période de beau temps pendant laquelle il peut grandir étant très courte, il préfère rester têtard pendant... une vingtaine d'années !**

*Un lac qui se transforme en tourbière*

Le spectacle du pic de Néouvielle qui se reflète sur le grand lac d'Aumar ("eau de mer") ❹ est inoubliable. Jusqu'il y a quelques décennies, des glaciers, restes du Petit Age Glaciaire, descendaient de ce sommet ; d'où son nom : Néouvielle, "la vieille neige" en occitan. Sur les versants, certains glaciers plus anciens ont creusé dans le granit de larges vallons, séparés par les "arêtes en chenille" caractéristiques (que vous pouvez remarquer). Ils ont façonné les cuvettes où se situent les lacs, ainsi que les vallées en contrebas.

▶ *Si vous désirez rallonger la balade, vous pouvez atteindre sans problèmes le col d'Aumar ❺. Depuis cette extrémité du lac, c'est le col que vous voyez juste à droite (nord-est). Pour cela, prenez le sentier qui va vers la base de la pente et qui monte en lacets (20 mn de montée).*

De l'autre côté, le vallon d'Estibère, autrefois réserve intégrale. Les **pins à crochets** que vous voyez sur les versants survivent ici plus haut qu'aucun autre arbre en Europe. Vous êtes en

## L'âge de glace

Entre le XIV$^{e}$ et le XIX$^{e}$ siècles, une période froide et humide va augmenter l'extension des glaciers dans les montagnes. C'est le Petit Age Glaciaire. De nombreux restes peuvent être repérés dans le Néouvielle, comme les moraines (accumulations des blocs charriés, en forme de U) sous le col d'Aubert.

plein dans le secteur que l'on nomme "zone de combat", où quelques espèces essayent de survivre dans un milieu très peu favorable.

▶ *Redescendez au lac d'Aumar ❹, puis longez-le par la gauche, sans passer par la route toute proche. Arrivé à une maison, tournez à gauche, gagnez maintenant la route et allez au parking des navettes. Vous arriverez au lac d'Aubert ("eau verte") : tournez à gauche sur un chemin large pour en atteindre le barrage en pierre ❻.*

*Pin à crochets*

*Prenez le sentier qui passe en-dessous du barrage (panonceau vers Orédon) et qui descend vers Les Laquettes. Vous longerez par la gauche ces lacs de toute beauté, entourés de pins, sur un sentier toujours confortable et bien indiqué.*

Quelques arrêts vous permettront de jouir de cette nature privilégiée et d'observer une flore très riche, parmi laquelle figurent les endémiques **gentianes de Burser**. Vous pourrez les comparer aux **gentianes jaunes** et au traître **vérâtre**, toxique (les feuilles ressemblent à celles des gentianes mais sont alternes).

▶ *Après les trois Laquettes, le sentier passe à un moment non loin de la route, mais s'en éloigne à nouveau et entre dans la pinède. Un sentier qui descend en lacets vous déposera à nouveau au bord du lac d'Orédon et au parking.*

**CPIE Bigorre-Pyrénées**

*Crapaud accoucheur*

## Très haut mais très petit

Exposé au froid, à la neige et au vent, le pin à crochets est le seul arbre capable de coloniser des terrains de haute montagne, où il arrive à vivre entre 800 et 1200 ans. Dans le Néouvielle, il bat son record d'altitude : jusqu'à 2600 m, mais au prix... de rester tout petit.

## PRATIQUE

Vallée d'Aure. Depuis Tarbes, rendez-vous à Lannemezan, puis dirigez-vous vers l'Espagne en suivant la direction d'Aragnouet. Après Saint-Lary et Fabian, prenez une route à droite indiquée "La route des Lacs". Tournez à droite à un embranchement, pour arriver au parking (payant) du lac d'Orédon.

Laissez votre voiture au parking d'Orédon, départ de la randonnée.

Comptez 4 h de marche. Ajoutez 1 h si vous montez au col d'Aumar. Le dénivelé total de montée est d'environ 500 m, 200 m de plus si vous montez au col d'Aumar. Le sentier est toujours bien indiqué.

La route des lacs n'est ouverte qu'à partir de la mi-juin. La flore est intéressante pendant tout l'été, mais le massif est assez fréquenté. En automne, on ne rencontre presque personne. Office de tourisme d'Aragnouet 05 62 39 61 69 et infos@piau-engaly.com

# 5 | Une forêt contre les **avalanches**

*Tel un rempart végétal, de grands conifères protègent le village de Barèges des caprices de la nature.*

*La forêt domaniale de Capet montre l'ampleur des moyens mis en œuvre pour protéger un village de montagne des avalanches. L'ascension, dans un environnement naturel riche, se termine par un magnifique belvédère sur le Pays toy.*

▶ *Au village de Barèges, garez-vous au bord du gave et empruntez le pont qui l'enjambe. Vous voici au départ de plusieurs parcours forestiers. Le vôtre est fléché "circuit de la Montagne fleurie".*

Vous commencez à prendre de l'altitude en grimpant dans un petit bois de feuillus, sans jamais vous éloigner du ruisseau de Midaou qui descend de la montagne. Il n'est pas rare d'y voir et d'y entendre le **pic épeiche**, qui y niche.

▶ *En 15 mn, vous arrivez sur un plateau* ❶ *où se trouvent quelques granges. Les prés y sont exploités. Vous prenez à droite et retrouvez rapidement un sentier indiqué par un panneau jaune marqué "Montagne fleurie". Celui ci vous amène dans la forêt de protection du village de Barèges, la forêt domaniale de Capet. Commence alors une ascension en lacets qui vous prendra environ 2 heures jusqu'à un belvédère magnifique sur la haute vallée.*

*Pic épeiche*

Les essences forestières que vous voyez autour de vous sont pour beaucoup allochtones, c'est-à-dire qu'elles ne sont pas originaires de la région mais y ont été plantées par les forestiers pour leurs capacités de résistance aux glissements de terrain ou pour leur croissance rapide. La forêt est avant tout destinée à protéger le village en contrebas. Vous marchez donc au milieu des **épicéas** et de quelques **mélèzes** qui ont davantage leur place dans les forêts alpines. Mais de beaux peuplements de **hêtres**, quelques **sapins**

## Un laboratoire des catastrophes

Créé en 1882, le service de Restauration des terrains en montagne (RTM) dépend de l'Office national des forêts. Il a pour mission de sécuriser les zones sensibles (glissements de terrain, avalanches...) par des reboisements appropriés et des travaux de génie civil. Entre 1855 et 1908, Barèges a connu 13 catastrophes naturelles, avalanches et inondations. C'est donc un laboratoire tout approprié pour le RTM.

1 cm = 250 m

© IGN Paris 2007

*Carte IGN 1748 OT*

et **pins sylvestres** et, dans la partie supérieure, des **pins à crochets** en abondance, rappellent que vous êtes bien dans les Pyrénées.

▶ *Au bout d'une petite heure, vous passez au niveau de la cabane forestière du Cassaiet.*

Le matin de bonne heure ou tard le soir, vous aurez davantage de chance d'observer le discret **chevreuil**. Au cours de votre montée, vous pourrez peut-être trouver des indices de présence du **grand tétras**, secret et rare habitant de la forêt de montagne. Ses crottes sont caractéristiques : elles ressemblent à des cigarettes incurvées (sans filtre et sans papier !), agglomérats de débris végétaux non digérés. Quant aux plumes, noires pour le mâle et rousses pour la femelle, elles sont doublées à leur base d'une plumule de duvet, adaptation au froid. La forêt est utilisée pour la chasse de manière exceptionnelle. C'est donc, hors parc national, l'un des meilleurs endroits pour observer des **isards**. En été, cherchez-les dans la partie supérieure de la montagne.

*Chevreuil*

*Martre*

## Les familiers du lieu

- Mésange noire, bec croisé, roitelet, grand tétras, pic épeiche, pic noir, vautour fauve, gypaète barbu, aigle royal, circaète Jean-le-Blanc.
- Isard, chevreuil, renard, écureuil, martre, blaireau.
- Lézard vert, lézard des murailles.

*Le grand tétras passe généralement la journée à terre et la nuit dans un arbre.*

## Le grand tétras, un oiseau rare

**Le majestueux grand coq de bruyère, dont les Pyrénées sont le bastion, vit dans les forêts de l'étage montagnard. Farouche, il est difficile à observer et ses populations souffrent du dérangement croissant de son milieu de vie : le développement des routes et pistes forestières attire de plus en plus de monde dans des lieux jusque-là restés tranquilles. Malgré la diminution flagrante de ses populations, le grand tétras est toujours chassé.**

Dérangés, ils émettent une sorte de chuintement qui avertit leurs congénères.

Un téléphérique de 2 km de longueur dessert le sommet du Capet depuis Barèges (1000 m de dénivelée). Il est utilisé par les ouvriers forestiers qui doivent entretenir les centaines d'ouvrages anti-érosifs et les râteliers à neige (anti-avalanches) qui stabilisent la montagne. Vous passez en dessous à plusieurs reprises au cours de cette balade.

Après la pauvreté du sous-bois des peuplements serrés de résineux, observez comment la végétation s'épanouit dans la forêt plus ouverte de la partie supérieure. **Hélianthèmes**, **ancolies**, **raisins d'ours**... mettent des touches de couleur au bord du sentier.

▶ *Après le dernier lacet, le sentier part plein ouest sur environ 1 km, parmi des pins à crochets clairsemés et de nombreux ouvrages de protection, et rejoint la crête ❷.*

Le point de vue y est magnifique et le coin idéal pour casser la croûte ! Le massif de l'Ardiden (2988 m) à l'ouest ; en fond de vallée, au sud, les sommets des grands cirques, avec l'encoche caractéristique de la brêche de Roland ; le massif du Néouvielle au sud-est. Probablement l'un des plus beaux panoramas de la vallée... Derrière vous, le vallon pastoral de Sers contraste avec l'ambiance forestière dont vous émergez. La flore y est différente : **thym serpolet**, **asphodèle**, **rhododendron**, **œillets sauvages**, **gentiane de Koch**, **iris des Pyrénées**... c'est le domaine de la pelouse d'altitude et de la lande. Des

*Thym serpolet*

## L'aigle royal : un prédateur

Ce n'est pas le plus grand rapace des Pyrénées avec ses 2,20 m d'envergure (la femelle étant plus grosse que le mâle), mais, contrairement au vautour et au gypaète qui le dépassent par la taille, c'est avant tout un prédateur. Il a bénéficié de la réintroduction de la marmotte dans les années 1950, dont il fait sa proie de prédilection pendant la belle saison. Il survole presque quotidiennement la montagne de Capet.

*Asphodèle*

troupeaux de moutons et de vaches exploitent cette végétation riche et variée.
Vous êtes au point culminant de votre randonnée. Profitez de la vue pour observez les grands rapaces survolant les estives : **vautours fauves** et plus rarement **gypaète barbu** prospectent à la recherche de charognes, tandis que l'**aigle royal** serait plutôt intéressé par une marmotte imprudente…

▶ *Le sentier entame une descente sur la crête durant 15 mn environ puis tourne à gauche vers le bois du Lys ❸.*

Vous pouvez, dans les endroits humides du sentier, croiser une trace ressemblant à une petite empreinte d'ours : cinq pelotes digitales presque alignées avec des griffes loin devant . En effet, le **blaireau**, nocturne, passe souvent par là…

▶ *Après quelques lacets forestiers, une grande traversée plein est vous ramène au plateau de Midaou. Vous descendez alors au village de Barèges par le chemin emprunté à l'aller.*

**Laurent Nédélec**

*Blaireau*

*Le pin à crochets, arbre tenace, est capable de pousser sur des pentes abruptes, des falaises, des éboulis...*

## De quels crochets s'agit-il ?

Symbole de la haute montagne pyrénéenne, le pin à crochets constitue les peuplements arborés de haute altitude. Son nom vient des petits crochets visibles au bout des pignes. Il recolonise peu à peu les surfaces délaissées par l'élevage.

**PRATIQUE**

▶ Depuis Lourdes, allez jusqu'à Luz Saint-Sauveur via Argelès-Gazost. Prenez ensuite la direction du col du Tourmalet (Barèges). A l'entrée du village, après le cinéma, tournez à gauche et garez-vous sur le parking bordant le gave (torrent).

✖ Prenez le pont qui enjambe le gave, vous y êtes.

Prévoyez environ 4 h, tranquillement. Environ 600 m de dénivelée.

Balade à effectuer hors neige de préférence.

# 6 | A la rencontre des **isards**

*La vallée de Gaube abrite, au cœur du parc national, l'un des plus beaux lacs des Pyrénées. Les isards, qui fréquentent les lieux, s'y laissent souvent apercevoir. Ouvrez l'œil !*

*Le lac de Gaube, joyau pyrénéen*

▶ *Passez sous le porche et suivez la piste goudronnée. Après deux lacets, vous arrivez en ❶. Un panneau au départ d'un sentier à gauche vous indique le chemin vers le lac de Gaube.*

Le sentier monte parmi les **hêtres** et les **sapins blancs** : deux arbres aux mêmes exigences. Ils ont besoin d'ombre dans leur jeunesse et d'un air humide et frais. Ils sont typiques de l'étage montagnard (jusqu'à environ 1800 m) des versants exposés plutôt au nord. Dans les premiers sapins, vous entendrez peut-être le plus petit passereau de France, le **roitelet huppé**. Malgré ses déplacements rapides à la recherche de petits insectes, vous apercevrez ses couleurs vives jaune et orange sur le dessus de la tête. D'autres oiseaux comme les **pinsons des arbres** et les **mésanges noires** vous accompagneront probablement. Vous trouverez sur le bord du chemin de grandes **fougères mâles et femelles**, mais il s'agit en fait de deux espèces différentes. Ces plantes ne possèdant pas de fleurs, il ne peut y avoir de mâle et de femelle. Elles ont été baptisées ainsi à une époque où le processus de reproduction des fougères était encore mal connu. Pour les dénommer, leur aspect a sûrement joué un rôle : la fougère femelle, par le découpage de ses feuilles, paraît plus gracieuse que la fougère mâle, dont les lobes sont plus grossiers et les tiges plus poilues !

*Roitelet huppé*

▶ *Le sentier continue de monter dans la forêt. Il traverse un petit replat où poussent quelques beaux hêtres, et s'élève de nouveau par quelques lacets.*

## Plus de lichens, moins de pollution

Un lichen est une symbiose entre un champignon et une algue microscopiques. On estime qu'une grande variété de lichens dans un lieu est signe d'une bonne qualité d'air, car beaucoup de lichens sont sensibles à la pollution atmosphérique. En ville, certains lichens résistants fixent des polluants et sont utilisés comme bio-indicateurs de pollution de l'air.

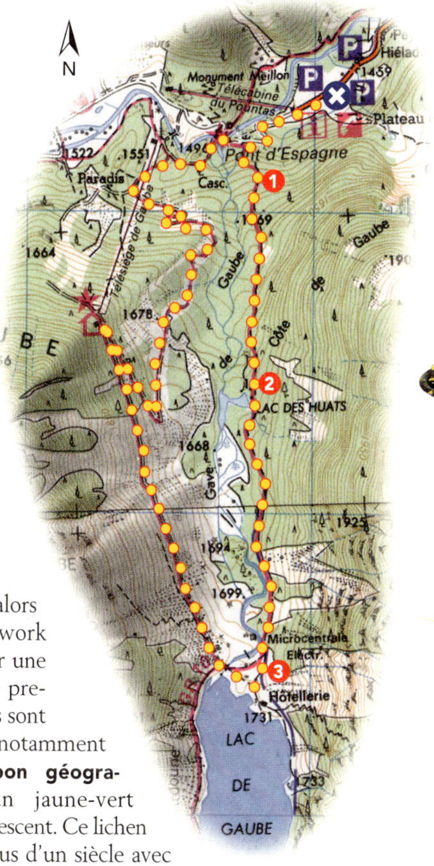

*Salamandre tachetée*

Remarquez alors le joli patchwork de **lichens** sur une paroi dans le premier lacet. Ils sont très colorés, notamment le **rhizocarpon géographique**, d'un jaune-vert presque fluorescent. Ce lichen peut vivre plus d'un siècle avec une croissance lente de moins de 1 mm par an. D'autres lichens pendent en filaments des branches. Ils font partie du genre des usnées et ne sont absolument pas une maladie. Dans des endroits un peu dégagés, vous rencontrerez de petits arbres et arbustes, tels que l'**alisier blanc**, le **sorbier des oiseleurs** et le **sureau rouge**. Et vous entendrez peut-être le martèlement du **pic épeiche** et les cris du **pic noir**, le plus grand des pics. Dans certains troncs d'arbres morts, vous verrez sûrement des trous creusés par eux, à la recherche des insectes du bois.

▶ *Après une dernière série de lacets, le sentier débouche sur une petite clairière. Traversez-la et continuez jusqu'au point* ❷.

*1 cm = 250 m*

*Carte IGN 1647 OT*

## Les familiers du lieu

Pic épeiche, pic noir, mésanges noire et huppée, roitelet huppé, pinson des arbres, bec croisé des sapins, cincle plongeur, bouvreuil pivoine, aigle royal, tichodrome échelette.

Isard, chevreuil, sanglier, renard, écureuil, martre, hermine, lièvre, marmotte.

Grenouille rousse, salamandre tachetée.

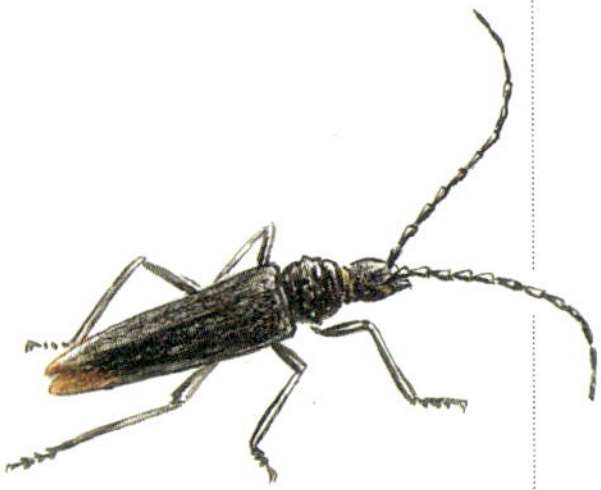

*Le grand capricorne, dont les larves creusent des galeries dans le bois ou sous l'écorce.*

### Vie et mort en forêt

La forêt paraît parfois peu "entretenue", avec des branches et des troncs au sol. Ceux-ci sont nécessaires car la nature recycle tous les êtres qui meurent, les plantes comme les animaux, pour les transformer en humus. Agissent alors la faune et la flore du sol forestier (bactéries, champignons, lombrics, insectes, mollusques) pour transformer ces matériaux et les rendre utilisables par de nouvelles plantes. Et le cycle recommence...

*Le lac des Huats. Au fond, le Vignemale, point culminant des Pyrénées françaises.*

### La forêt contre l'effet de serre ?

**L'effet de serre est dû en partie au taux de gaz carbonique ($CO_2$) élevé dans l'air. Les forêts peuvent-elles le limiter ? En fait, les arbres, constitués de matières organiques, accumulent grâce à leur "respiration" de grandes quantités de $CO_2$ de l'air. Mais cet effet est neutralisé quand l'arbre meurt : sa décomposition et sa combustion libèrent du $CO_2$. Pour que la baisse du $CO_2$ dans l'air soit durable, il faut conserver le bois tel quel (construction, ameublement...) ou le recycler sans combustion (papier, carton...).**

Le sentier émerge de l'ombre tandis qu'un nouvel hôte vous accueille, le **pin sylvestre**. C'est un arbre typique de pleine lumière, très beau avec son écorce orangée et son feuillage bleu-vert aux aiguilles assez courtes toujours par deux. Au bord du sentier poussent l'**oxalis acetosella** au goût acidulé, le **rhododendron ferrugineux** aux fleurs roses, le **myrtillier**, le **daphné lauréole** toxique mais au parfum si doux, et l'**hépatique** aux feuilles trilobées.

▶ *Le sentier croise au point ❷ une ligne téléphonique. A votre droite s'étend une grande clairière qui, suivant la saison et les intempéries, peut apparaître comme un marais ou un petit lac. Sortez du sentier à droite et suivez la sente qui longe le marais jusqu'à la rivière.*

Vous êtes au lac des Huats. La toponymie nous renseigne : les "Huats" sont des zones humides, marécageuses. Ce petit lac traversé par le gave est un lieu magnifique et préservé, où vous pouvez rencontrer **grenouilles rousses, truites, cincles plongeurs, gentianes ponctuées, swerties, linaigrettes**... Il s'agit probablement d'un ancien lac de moraine, d'origine glaciaire, comblé petit à petit par les apports de terre et de roches déposées par la rivière.

▶ *Revenez sur vos pas au point ❷ pour retrouver le sentier principal, qui monte au lac de Gaube. Empruntez-le pour continuer votre ascension.*

Sur le bord du sentier, vous croiserez des **genévriers communs** aux fausses baies violacées aromatiques. La **busserole** s'étale sur le talus, avec ses petites fleurs en clochettes et ses fruits rouges, comestibles mais fades. Le **pin à crochets** apparaît maintenant avec ses aiguilles d'un vert foncé, par deux, plus longues que celles du pin sylvestre. L'écorce est gris-noirâtre et les écailles des pommes de pin se terminent par un crochet. C'est un des arbres les plus résistants, il pousse le plus haut sur les pentes

Renard

abruptes au-dessus de votre tête, jusqu'à environ 2500 m. Dans ses branches, vous entendrez peut-être les petits cris tremblés de la **mésange huppée**, peu farouche. Au sol, cherchez quelques traces de **sangliers**, de **chevreuils**, de **renards**, ou d'**isards**, très nombreux par ici. Leurs empreintes sont très caractéristiques : deux doigts fins dont les bords extérieurs sont très proéminents par rapport au reste du sabot.

▶ *Vous longez en hauteur le gave et ses cascades. Après une petite retenue qui alimente en électricité l'Hôtellerie, le chemin s'élargit sur un replat et vous arrivez au lac de Gaube* ❸.

Vous aurez peut-être la chance de croiser dans ces lieux des hardes d'**isards**, de femelles et leurs petits. Quelques **becs croisés des sapins** sont parfois de passage dans les pins à crochets. Les deux parties de leur bec se croisent, l'une vers le haut, l'autre vers le bas, leur permettant de décortiquer facilement les pommes de pins. Le lac de Gaube est l'un des plus grands lacs naturels des Pyrénées, d'origine glaciaire. Bien qu'aux formes douces et arrondies, les roches qui vous entourent sont parmi les plus dures, en granite. Le passage des glaciers descendant du Vignemale les ont rabotées au fil des siècles.

▶ *Le retour se fait par le même itinéraire. Vous pouvez aussi réaliser une boucle : traversez le gave par la passerelle et suivez la piste sur l'autre versant, puis au télésiège de Gaube la piste bleue, qui vous ramènera quasiment au point de départ. Comptez alors une demi-heure supplémentaire de descente.*

**Stéphane Martineau**
**Association Natura**

*L'isard se déplace en montagne avec une incroyable agilité. C'est un véritable funambule.*

## Super isard

L'isard est un champion de la montagne. Il résiste au froid avec son pelage épais et peut se déplacer sur tous les terrains, grâce à son agilité et à ses sabots à l'adhérence exceptionnelle. De plus, son cœur est plus gros que le nôtre et son sang trois fois plus riche en globules rouges. Inutile donc de se mesurer à la course avec lui, et autant l'observer de loin à la jumelle.

## PRATIQUE

- De Lourdes, rendez-vous à Argelès-Gazost, puis à Pierrefitte-Nestalas. Prenez ensuite la direction de Cauterets et du Pont d'Espagne par la D920. Montez jusqu'au site du Pont d'Espagne et gagnez le grand parking à l'entrée du parc national.
- La balade débute sous le porche des bâtiments d'information du site du Pont d'Espagne.
- Balade facile d'environ 2 h 30, pour 5 km et un dénivelé de 300 m. Vous serez dans le parc national des Pyrénées : restez bien sur les sentiers.
- Du printemps à l'automne.
- Possibilité de visiter le musée de la Maison du parc national à Cauterets.

# 7 | Au cœur du pastoralisme

*Entre les mythiques cols du Soulor et de l'Aubisque, le cirque du Litor dresse ses parois vertigineuses au-dessus d'un petit havre de verdure. Ces lieux bucoliques sont riches d'un patrimoine agro-pastoral encore présent.*

*Le cirque du Litor et le col de l'Aubisque*

▶ *Démarrez sur la route pour rejoindre* ❶ *et tournez à droite, au début de la piste des cabanes de Cure Perdrix. Descendez par cette piste vers le cœur du cirque.*

Le chemin passe près des cabanes de Cure Perdrix, utilisées l'été par les bergers. A l'origine, les matériaux de construction étaient uniquement ceux que les bergers pouvaient trouver sur place, dans les éboulis, les blocs, les galets du torrent. Le nom des cabanes paraît original, il veut dire "la cuvette des Perdrix". Les perdrix rouges sont bien présentes ici et les cabanes sont construites sur le versant d'une petite combe où naissent une multitude de sources.

▶ *Suivez la piste qui traverse plusieurs ruisseaux.*

Par endroits, des petits creux retiennent un peu d'eau des ruisseaux et forment de petits marais. Certains sont recouverts de splendides petites boules de coton. Ce sont les aigrettes laineuses de la **linaigrette**. Autrefois, elles étaient utilisées pour rembourrer les vêtements et les coussins.

▶ ❷ *Vous arrivez à une bifurcation : prenez la piste de droite qui descend.*

Sur le talus du chemin, vous trouverez peut-être une représentante des orchidées, l'**orchis moucheron**. Rose pâle, avec des fleurs plutôt petites, cette orchidée a un éperon très long et fin,

*Musaraigne*

## La terreur des rivières

Sur les bords du torrent vit la musaraigne aquatique. Elle plonge et nage avec ses pattes postérieures palmées. Son pelage est gras et imperméable, et sous l'eau une couche d'air dans les poils fait paraître cette musaraigne argentée. Intrépide et vorace, elle s'attaque à toutes les bestioles, vers, mollusques, têtards, petits poissons, phryganes...

1 cm = 250 m





*Carte IGN 1647 ET*

et sa corolle n'est pas sans rappeler un moucheron en vol, d'où son nom…

▶ *La piste arrive à un petit promontoire au-dessus d'un mini-barrage ❸. Ne suivez plus celle qui tourne vers la droite, mais descendez à gauche vers le torrent. Suivez celui-ci plus ou moins près de la rive en direction du fond du cirque.*

Dans le torrent nommé l'Ouzom, vous apercevrez peut-être la **truite de rivière**, qui aime les rivières rapides où l'eau est pure et bien oxygénée. Discrète, la truite peut se fondre dans son environnement en changeant de couleur suivant ce qu'elle perçoit autour d'elle. Elle sera argentée dans les lacs et presque noire dans les ruisseaux tourbeux. Si vous regardez bien sur les bords du torrent, dans l'eau, vous aurez peut-être la chance de voir d'étonnants tubes de petits cailloux agglomérés. A l'intérieur, il y a une larve d'insecte : les **phryganes**. La larve fabrique ce fourreau pour se protéger, ce qui ne l'empêche pas d'être une des nourritures préférées de la truite.

## Les familiers du lieu

Vautour fauve, traquet motteux et tarier, rouge-queue noir, cincle plongeur, accenteur mouchet.

Chevaux, vaches, brebis, musaraigne aquatique, chevreuil, blaireau, sanglier.

Grenouille rousse

## L'eau du torrent est-elle propre ?

**L'eau est indispensable à la vie. En France, nous ne manquons pas d'eau mais si toutes les rivières deviennent polluées, nous vivrons alors comme en plein désert. Pire, l'eau coulera autour de nous sans que nous puissions la boire ! Nous pouvons estimer sa qualité aux êtres vivants présents, sensibles ou non à la pollution. Si vous avez trouvé des phryganes et deux autres larves sous les cailloux, l'une avec une queue fourchue (plécoptère) et l'autre triplement fourchue (éphéméroptère), alors l'eau de ce torrent est de bonne qualité.**

*A la fin de l'automne, la grenouille rousse s'enfouit dans la vase au fond de la rivière et hiberne pendant 4 mois.*

▶ *Le sentier longe le torrent et traverse des endroits parfois un peu marécageux. De petits piquets vous indiquent en gros les passages les plus praticables. Continuez ainsi de longer le torrent.*

Dans ces zones humides, vous rencontrerez une autre orchidée, l'**orchis de Fuchs**. Elle pousse dans les terrains marécageux calcaires, et a des fleurs roses plus ou moins pâles, à points et lignes pourpres. Ses feuilles sont tachetées d'un noir violet. Vous trouverez aussi la **parnassie des marais**, avec sa rosette de feuilles en cœur et sa fleur à cinq pétales blancs nervurés de vert très clair. Et puis le beau et gracieux **lychnis fleur de coucou**, aux pétales rose clair très découpés. Sur les bords du torrent, vous croiserez probablement le chemin de la **grenouille rousse** et vous pourrez voir une plante insectivore, la **grassette commune**, dont les feuilles sont "grasses" au toucher. Ces dernières sont couvertes de minuscules gouttelettes de suc digestif secrétées par la feuille, qui attirent les moucherons, les collent et les digèrent.

▶ *En ❹, le sentier croise une piste. Remontez un peu sur une croupe pour trouver les ruines de plusieurs cabanes ❺.*

Les cabanes du Litor sont maintenant en ruine. Vous pouvez comparer les constructions et les matériaux utilisés avec les cabanes de Cure Perdrix. Autour de ces ruines, vous trouverez des plantes dites "rudérales", qui poussent dans les décombres, et "nitrophiles", qui aiment les sols riches nitratés des abords d'habitations et reposoirs de troupeaux. Ainsi poussent ici : **ortie dioïque, sureau noir, oseille des prés, chénopode bon-Henri, géranium, plantain, bardane, rumex.**

▶ *Coupez à travers la pâture dans la direction du retour pour rattraper la piste ❻. Empruntez-la pour le retour.*

### Le cirque des avalanches

Le cirque du Litor forme un cercle aux parois abruptes, creusé par un glacier aujourd'hui disparu. En hiver naissent des avalanches qui finissent leur course au fond du cirque. Litor peut se décomposer ainsi : "eth lit", l'avalanche, et le suffixe toponymique "or" présent en Val d'Azun.
A chaque lieu, un nom, qui témoigne de la vie humaine en montagne et de la force des éléments naturels.

Vous croiserez de petits bosquets de **houx**, dont les rameaux aux boules rouges sont bien connus pour la décoration. Les fleurs mâles et femelles du houx se trouvent sur des plantes séparées. Donc les fruits ne sont que sur les plantes femelles. Ce houx a souvent deux formes de feuilles sur un même arbuste : feuilles à bords épineux et feuilles à bords lisses. Très souvent, les feuilles épineuses sont au niveau inférieur de l'arbuste, peut-être pour se protéger du troupeau affamé.

*Traquet*

*Tarier pâtre*

▸ *De nouveau au point ❷, tournez à droite et suivez cette même piste pour le retour au point de départ.*

Cette bifurcation se situe à un endroit nommé "Hougara", qui désigne un lieu où poussent les **fougères aigles**, comme ici. Votre retour se fera peut-être sous l'œil avisé des **vautours fauves**, grands seigneurs de ces lieux. Ils ont un rôle important pour nettoyer les cadavres d'animaux, et notamment ici les animaux domestiques morts accidentellement pendant l'été. Il est possible que les **traquets motteux** et **tariers**, les **rouge-queues noirs** et les **accenteurs mouchets** vous accompagnent pour la fin de votre balade.

**Stéphane Martineau**
**Association Natura**

*L'accenteur mouchet, souvent confondu avec le moineau, passe son temps à terre sous les haies, et ne se perche que pour chanter.*

## Les hauts et les bas des saisonniers

Des vaches et des chevaux sont présents ici l'été tandis que les brebis paissent dans les estives au-dessus du cirque. Au cours des saisons, le troupeau se déplace. Les bêtes passent l'hiver dans les granges de basse et moyenne altitude, et de mai à septembre, elles gagnent les estives pour laisser pousser l'herbe dans les prairies et permettre l'engrangement du fourrage.

## PRATIQUE

De Lourdes, allez jusqu'à Argelès-Gazost, puis prenez la direction du Val d'Azun par la D918. Continuez jusqu'à Arrens-Marsous. Dans ce village, suivez la direction du Col du Soulor. Au col, tournez à droite vers Arbéost. Poursuivez sur 3 km. Vous pouvez vous garer à un endroit dégagé au bord de la route, au niveau des cabanes de Cure Perdrix.

La balade commence par la piste qui mène aux cabanes de Cure Perdrix.

Balade très facile d'environ 2 h 30, 5 km pour un dénivelé de 200 m.

Du printemps à l'automne.

A faire : visite d'un berger qui fabrique et vend son fromage traditionnel, sur la route entre le col du Soulor et Arrens-Marsous. A voir : le Musée d'art populaire du Lavedan au village d'Aucun.

# 8 | Petit sommet, grand **panorama**

*Voilà un petit pic sans prétention qui donne l'impression de rivaliser avec les plus grands sommets des Hautes-Pyrénées. Du haut de ce promontoire, un panorama ouvert permet d'observer les rapaces et parfois les isards.*

Vue sur la vallée depuis le pic de Bazès

▶ *A partir du gîte d'étape Haugarou, suivez la piste qui monte en pente douce. Au point ❶, un panneau vous indique à droite le chemin du col de Bazès. Montez à droite et suivez ce sentier jusqu'au col.*

Vous pénétrez dans la **hêtraie sapinière** du bois de la Plape, probablement sous mille regards de petits curieux habitants cette forêt. Vous verrez et entendrez peut-être les **mésanges noires**, **huppées et bleues**, et le **geai des chênes** préviendra ses congénères de votre venue par un cri rauque. De bon matin, vous aurez plus de chances de voir des **chevreuils**, qui abondent en ces lieux. Regardez bien dans la terre humide pour découvrir leurs petites empreintes en forme de cœur.

▶ *Sortez de la forêt au point ❷. Vous pouvez apercevoir le col de Bazès en face de vous. Suivez les traces de sentier dans la direction du col.*

Grive draine

La végétation se fait plus diffuse et naine. L'appétit du troupeau et le climat montagnard au niveau du col participent à ce changement de paysage. Remarquez ces buissons disséminés, au port assez proche du sol et aux aiguilles piquantes marquées d'une bande blanche. Ce sont des **genévriers communs**, dont les petits cônes globuleux (fausses baies) aromatiques sont utilisés dans la cuisine. En hiver, ils sont aussi une nourriture importante pour les **grives**. Ces cônes sont noirs à maturité. Vous pouvez les goûter, ils sont très épicés.

### Les scarabées ne perdent pas la boule

Au col, vous pouvez rencontrer des scarabées dans le crottin. Par leur rôle de nettoyeur, ils sont un maillon indispensable dans la chaîne alimentaire. Les géotrupes, notamment, forment une boule d'excréments et l'emmagasinent dans une galerie, puis la femelle pond ses œufs dedans. Ce mythique scarabée, sacré pour les pharaons, a toujours fasciné les hommes depuis l'Antiquité.

1 cm = 250 m

© IGN Paris 2007

Carte IGN 1647 ET

*Vous atteignez le col de Bazès ❸. Le pic rocheux à votre droite n'est autre que le pic de Bazès. Montez vers lui dans l'herbe et trouvez une sente qui se dirige vers des éboulis à droite. Le balisage est maintenant fait de cairns (petits tas de pierres). Il faut être un peu attentif pour bien suivre la sente qui monte un peu raide mais qui se grimpe bien si l'on prend son temps.*

Le terrain est de plus en plus rocheux, et la végétation s'est adaptée. Vous rencontrez la **germandrée des Pyrénées**, aromatique, et l'**hélianthème nummulaire**, aux très nombreuses fleurs fragiles et jaune intense. Vous verrez peut-être l'**accenteur mouchet** et le **rouge-queue noir** volant de pierre en pierre.

Il existe environ 270 espèces d'écureuils dans le monde.

▶ *Le sentier s'approche de nouveau de la forêt. Suivez la sente qui part vers la gauche sans pénétrer sous les hêtres. Passez quelques blocs rocheux et grimpez jusqu'au sommet, toujours par la sente.*

Rouge-queue noir

❹ Pic de Bazès, 1804 m. Le panorama est immense pour ce petit pic. Sa position un peu en retrait de la chaîne nous permet de voir vers la plaine la ville de Pau au nord-ouest, au sud-ouest le cirque du Litor, le Gabizos, le Balaïtous. Vers le sud, on aperçoit le sommet du Vignemale, puis l'Ardiden. Vers le sud-est, vous verrez le pic du Midi de Bigorre et son observatoire.

## Les familiers du lieu

Mésanges bleue, noire, huppée, chardonneret, troglodyte, accenteur mouchet, geai des chênes, chocard, vautour fauve, milan royal.

Chevreuil, écureuil, sanglier, isard, renard, blaireau.

## Empoisonnements suspects

**Au cours de l'année 2001, la population d'isards du massif de Bazès-Estibète a souffert d'une mortalité importante. Près de 50% des isards sont morts empoisonnés. Après enquête, les experts ont trouvé répandu dans la montagne du lindane, pesticide très toxique utilisé en agriculture et interdit en France. Les recherches pour déterminer l'origine de ce lindane sont restées sans résultats. Les isards morts, peut-être seuls témoins du drame, ont emporté avec eux ce mystère...**

Vous aurez sûrement la chance d'être survolé par des grands rapaces : **milans royaux**, **vautours fauves**, et peut-être apercevrez vous le **gypaète barbu**. Les petits corvidés à bec jaune qui guettent le contenu de votre pique-nique sont des **chocards**. Une petite population d'**isards** est présente sur le massif. Ouvrez bien les yeux, ils sont très discrets.

Gypaète barbu

▶ *Suivez la crête vers le nord-ouest, descendez prudemment dans les blocs en suivant les cairns, puis continuez vers les estives et le col* ❺ *au nord par une sente. Au col, bifurquez à droite et trouvez le sentier qui descend dans le vallon.*

Milan

Vous descendez parmi de petits arbrisseaux : **rhododendrons ferrugineux, myrtilliers** pour les gourmands, daphnés lauréoles (aux baies noires toxiques). Remarquez la **fougère pectinée**, qui possède deux sortes de frondes* : une fronde de feuilles pour la photosynthèse, l'autre ayant un rôle uniquement reproductif. Vous la distinguerez de la première par les amas de sporanges qu'elles portent, qui contiennent eux-mêmes les spores (cellules reproductrices des fougères).

▶ *Vous vous rapprochez des arbres. Prenez la sente à gauche pour les contourner. Continuez droit dans la pâture. Passez à gauche le long d'une croupe herbeuse pour continuer de descendre dans un petit vallon en suivant une source et son filet d'eau.*

Vous arrivez dans un lieu où les grandes **fougères aigles** poussent en quantité et vous barrent le chemin. Ces fougères ont donné leur nom patois au lieu Haugarou. Autrefois, elles étaient fauchées, séchées et utilisées comme litière pour les animaux.

### Les vautours fauves des environs

Quelques couples de vautours fauves nichent près du Pic de Bazès. Ces grands rapaces construisent leur aire d'herbes et de branchages dans des parois rocheuses. Les parades ont lieu dès le mois de décembre, et la femelle pond en février un œuf qui sera couvé pendant un mois et demi. Le jeune passera près de trois mois au nid avant de prendre son envol.

*Fronde : feuillage des plantes acotylédones telles que la fougère.*

*Au pied du pic de Bazès*

Maintenant, la fougère envahit les estives de moyenne altitude qui souffrent du sous-pâturage.

▶ *Prenez la sente à gauche qui remonte légèrement puis descend à travers les fougères. Le sentier arrive à une piste 6. Prenez à droite et descendez par la piste jusqu'au point de départ.*

**Stéphane Martineau**
**Association Natura**

## Les mousses : des végétaux primitifs

Les mousses sont peut-être la première tentative des algues vertes pour se libérer du monde marin et coloniser la terre. Mais cette voie de l'évolution est un "cul de sac" : elles n'ont pas évolué depuis environ 420 millions d'années. Les mousses témoignent d'un temps très ancien où les végétaux terrestres primitifs n'avaient pas encore inventé les racines, le bois, la fleur, le fruit et la graine.

## PRATIQUE

De Lourdes, rendez-vous à Argelès-Gazost, puis prenez la direction du Val d'Azun par la D918. A la sortie d'Argelès, tournez à droite (D102), direction Gez et gîte Haugarou. Juste après Gez, tournez à gauche et suivez les panneaux du gîte Haugarou. Garez-vous au gîte.

La balade commence au niveau du gîte d'étape Haugarou.

Prévoyez environ 3 h 30 de marche pour un dénivelé de 600 m. Piste et bon sentier bien marqués jusqu'au col de Bazès, puis sente marquée par des cairns (monticules de pierres entassées). Du col au pic, la montée est un peu raide, et il est conseillé de ne pas entreprendre la balade par temps humide.

Du printemps à la fin de l'automne.

# 9 | Retour au temps des **grands glaciers**

*Du remarquable promontoire du Mont de Gez, vous dominerez le plus grand bassin glaciaire des Pyrénées : la vallée du Gave de Pau. Voyage dans une nature discrète qui raconte le passé des montagnes...*

*Rencontre au sommet*

▶ *Suivez la piste sur une dizaine de mètres. En ❶, un panneau et balisage jaune vous orientent vers le Mont de Gez à gauche. Montez par ce petit sentier.*

*Sittelle torchepot*

Le sentier s'élève entre deux murets de blocs granitiques. Dès les premiers mètres, vous pourrez peut-être entendre et voir la **sittelle torchepot**, le **grimpereau des jardins** et le **pic épeiche**. Vous trouverez le long du chemin de la **pulmonaire** avec ses fleurs roses et violacées, et ses feuilles tachées de blanc. Cette plante était recherchée pour les tisanes pectorales.

▶ *Vous arrivez à une clôture. Pensez à bien la refermer après votre passage. Suivez le sentier et, au carrefour, continuez tout droit. Un panneau vous indique le chemin.*

Le sentier traverse une belle noiseraie. Le **noisetier** est un arbuste, pas un arbre, car il ne dépasse pas 7 m à l'âge adulte. Il est très courant, avec ses feuilles larges, dentées et rondes, et bien sûr ses noisettes. Au printemps vous verrez, avant les feuilles, apparaître les fleurs mâles en forme de longs chatons. Le vent est le principal transporteur du pollen du noisetier et si les feuilles étaient présentes, ce pollen se collerait dessus plutôt que de se déposer sur les fleurs femelles toutes petites. Le noisetier est cultivé depuis très longtemps : de grandes quantités de noisettes ont

## Les familiers du lieu

Pic épeiche, grives draine et musicienne, sittelle torchepot, grimpereau des jardins, mésanges (bleue, charbonnière, noire, nonnette et longue-queue), roitelets huppé et triple bandeau, pouillot véloce, fauvette à tête noire, bouvreuil pivoine, vautour fauve.

Chevreuil, cerf, sanglier, blaireau, écureuil, campagnol roussâtre.

1 cm = 250 m

*Carte IGN 1647 ET*

été retrouvées dans des habitats préhistoriques vieux de 10 000 ans. Si vous tombez sur une noisette vide, elle a peut-être été mangée par la larve du **balanin de la noisette**, étonnant petit insecte pourvu d'une grande trompe. Vous trouverez probablement des réserves hivernales d'**écureuils** et des noisettes grignotées par les **campagnols roussâtres**.

▶ *En montant, vous arrivez à une nouvelle bifurcation ❷. Prenez à droite le sentier qui poursuit doucement son ascension. Après un petit replat, montez jusqu'au dôme sommital du Mont de Gez ❸.*

De là, une très belle vue sur le Lavedan s'offre à vos yeux, avec le large bassin glaciaire de la vallée d'Argelès, dans lequel se déversaient les grands glaciers venant de Luz, de Cauterets et du Val d'Azun. Remarquez près des **hêtres** les blocs erratiques de granite déposés par les glaciers sur cette petite montagne calcaire.

▶ *Descendez vers l'ouest par une sente et avant de rentrer sous les bouleaux, tournez à droite ❹ pour rejoindre une piste que vous utiliserez ❺ à gauche pour descendre.*

## Le frêne : un arbre à usages multiples

Le frêne est un des arbres importants de l'activité agro-pastorale, car son bois dur et souple est réputé pour faire des outils. Son feuillage peut nourrir le bétail et, après fermentation, il donne la frênette, appelée aussi "boisson des centenaires"... A partir de vingt ans, le frêne produit d'énormes quantités de graines : un arbre centenaire donne plus de cent mille graines chaque année !

*Epicéa*

*Véritable acrobate, la mésange à longue-queue se suspend aux rameaux et volète d'arbre en arbre avec agilité.*

## Fallait-il planter autant d'épicéas ?

**L'enrésinement a souvent remplacé une forêt de feuillus, riche et diversifiée. L'épicéa, peu exigeant, pousse vite et a un bon rendement. Mais quand les arbres sont plantés serrés, peu de lumière arrive à leurs pieds. Les aiguilles au sol se décomposent lentement et génèrent un humus plus acide, pauvre en lombrics et en bactéries, où les plantes survivent mal. Ces plantations n'ont pas seulement bouleversé l'écosystème forestier : elles sont aussi une faute de goût dans l'harmonie du paysage.**

Au ras du sol, il se peut que vous croisiez l'**érine des Alpes** fleurie, avec ses cinq pétales roses dont deux sont plus fins. C'est une plante de terrain sec et rocheux, surtout en montagne, mais on la retrouve jusque sur le mur d'Hadrien en Ecosse, transportée probablement de façon involontaire par un soldat romain il y a 2000 ans. Vous trouverez aussi le **polygale**, la **potentille dorée**, la **brunelle à grande fleur**. Vous longez un petit bois de **bouleaux verruqueux**, dont les feuilles et les jeunes rameaux sont recouverts de "verrues" résineuses et grisâtres. Un cortège de **mésanges à longue-queue** et de **mésanges bleues** accompagnera peut-être votre progression parmi ces bouleaux.

*Mésang bleue*

▶ *Vous découvrez une hêtraie et arrivez à une bifurcation ❻. Continuez sur la piste à gauche jusqu'à un nouveau carrefour ❼. Prenez encore à gauche.*

Vous avez ainsi traversé une pessière, plantation d'**épicéas**. Aucun doute, à voir les alignements, c'est bien du reboisement ! Si vous avez entendu un petit zézaiement très aigu dans ces épicéas, c'est un **roitelet**. Les roitelets sont les plus légers oiseaux d'Europe : seulement 4 à 6 grammes ! Vous longez maintenant des prairies de fauche, avec de superbes bordes (granges) et des **frênes** plantés près des bâtiments. Un cri rauque et le **geai des chênes** annonce votre venue !

▶ *Au carrefour ❽, vous retrouvez le balisage jaune sur un abreuvoir. Tournez à gauche et continuez à suivre la piste jusqu'au point ❾, où vous emprunterez la piste de gauche en direction du col d'Arras et du centre équestre.*

Dans la boue du chemin, vous devriez repérer des empreintes de **sangliers** et d'autres plus petites du **chevreuil**, parfois en forme de cœur. Le chevreuil est très présent dans cette forêt

## Les hôtes indésirables du hêtre

Les feuilles de hêtres portent parfois des protubérances. Ce sont des galles, réactions de la plante à l'action d'un parasite, un moucheron appelé Mykiola. Celui-ci pond dans la nervure de la feuille un œuf minuscule. Le végétal agressé fabrique alors une petite maison où la larve enkystée est à l'abri et se nourrit de sève. Si vous ouvrez la galle, vous trouverez l'asticot bien au chaud !

*Vers le point de départ. Grange d'estive.*

mais vous pourrez le rencontrer dans tous les milieux, de la plaine à la montagne, jusqu'à plus de 2000 m en été. C'est le plus petit cervidé vivant en France. Le mâle, appelé brocard, se distingue de la femelle ou chevrette par la présence de bois ramifiés en os, et non pas en corne comme les bovidés. Et contrairement au cerf qui brame en automne, le rut du chevreuil a lieu en été. Le brocard perd par la suite ses bois en automne et ceux-ci repoussent en hiver, recouverts d'une peau en "velours" qui s'étiolera au printemps pour découvrir une nouvelle ramure.

▶ *Vous retrouvez la route goudronnée du col d'Arras et passez devant le centre équestre. Vous rejoignez alors le point de départ.*

**Stéphane Martineau**
**Association Natura**

## Les glaciers de jadis

Localement, les glaciations se sont étalées d'à peu près –1,6 million d'années à –13 000 ans. Le bassin glaciaire du Gave de Pau, au niveau d'Argelès-Gazost, était le plus vaste et le plus alimenté des Pyrénées. Il a permis la formation d'une langue glaciaire d'environ 70 km de long. Au maximum des glaciations, ce glacier dépassait Lourdes de 4 à 5 km vers le nord.

*Chevreuil*

**PRATIQUE**

De Lourdes, rendez-vous à Argelès-Gazost, puis prenez la direction du Val d'Azun par la D918. Passez Arras-en-Lavedan et 1,5 km après, prenez la petite route à droite en direction du centre équestre et du col d'Arras. Continuez pendant 3 km. Vous pouvez vous garer avant le centre équestre, au carrefour entre la route et la piste qui descend légèrement à droite.

La balade débute à ce carrefour, par la piste.

Cette balade facile dure environ 3 h, 7 km pour un dénivelé de 300 m.

Toute l'année

# 10 | Un petit coin de Méditerranée

*Découvrez une nature riche et variée, du climat méditerranéen au climat montagnard, sous l'œil bienveillant des mouflons. De ce modeste sommet, un panorama remarquable s'offre à vous.*

*Vue sur la petite vallée du Bergons*

▶ *A partir du parking de l'église d'Ouzous, suivez le balisage jaune. Vous traversez le village et passez devant l'Estanca puis les sources intermittentes de l'Oulhet. Vous traversez un second ruisseau et au ❶, prenez le sentier qui monte devant. Vous retrouvez une piste et la suivez à gauche. Contournez la barrière par la gauche et continuez sur la piste jusqu'au ❷.*

Le long du chemin, vous trouverez de l'**origan**, très aromatique, utilisé en cuisine. L'origan n'est autre que la marjolaine sauvage. De l'été à l'automne, vous verrez les belles guirlandes du **tamier**, qui décore les haies de ses baies rouges (toxiques). Vous reconnaîtrez au bord du chemin la **garance voyageuse** à ses feuilles rêches et disposées par quatre face à face, et qui s'accroche à vos doigts et à vos vêtements pour être transportée et disséminée. Autrefois, dans des villages du sud de la France, il était extrait un colorant de la racine, le rouge garance, qui a servi pour teindre les pantalons des soldats de la guerre de 1870.

▶ *Au point ❷, vous arrivez à une bifurcation. La piste suit un virage serré à droite. Délaissez la piste dans ce virage et continuez tout droit par un sentier, toujours balisé en jaune.*

Vous longez une belle haie de **buis**, et à vos pieds volète peut-être un petit papillon d'un bleu azuré : l'**argus bleu**. Si vous regardez les arbres à votre gauche, vous découvrez des **chênes pubescents**. Ils doivent leur nom au duvet blanchâtre qui recouvre le dessous des feuilles et des jeunes rameaux. C'est le principal chêne "truffier" dans les grandes régions de production. Vous verrez et entendrez peut-être dans ces arbres des **mésanges charbonnières**, **noires**, **bleues** et le **grimpereau des**

### Des blocs transportés par les glaciers

Le Pibeste est une montagne calcaire. Mais vous remarquerez des galets et des blocs présentant une structure cristalline, visible à l'œil nu, de minéraux noirs (mica noir), blancs (feldspath) et gris (quartz). C'est du granite qui provient d'un massif granitique de la haute chaîne. Ces blocs erratiques ont été déposés par les avancées successives des glaciers qui descendaient des hautes montagnes.

*La mésange charbonnière, une vraie exploratrice, inspecte branches, troncs et rameaux en quête de nourriture.*

**jardins**, petit passereau qui monte le long du tronc à la recherche d'insectes.

*▶ Le sentier s'élargit en une piste. Continuez sur une centaine de mètres, vous arrivez en ❸. Quittez alors la piste pour prendre le sentier qui monte à droite, balisé en jaune.*

Vous pouvez remarquer çà et là des **prunelliers**, arbrisseaux dont certains petits rameaux se transforment en épines redoutables. Si vous ne connaissez pas la signification du terme "astringent", goûtez une prunelle. Elle laisse une drôle de sensation dans la bouche, c'est l'astringence : un resserrement des tissus de la muqueuse. Après une première gelée, ces prunelles deviendront comestibles.

Carte IGN 1647 ET

## Les familiers du lieu

- Vautours fauve et percnoptère, circaète, sittelle torchepot, mésanges, bouvreuil pivoine, pouillots véloce et siffleur, fauvette à tête noire.
- Chevreuil, sanglier, mouflon, blaireau, écureuil, cerf élaphe.

## L'exode du mouflon corse

Le mouflon, d'origine corse, provient des descendants de moutons à peine domestiqués et introduits, il y a 7000 ou 8000 ans, par les premiers occupants venus d'Asie Mineure. Devant la baisse inquiétante de sa population en Corse dans les années 1950, il était nécessaire pour sa survie de le protéger et d'implanter l'espèce dans des lieux adaptés à ses besoins. C'est pourquoi le mouflon est présent maintenant dans différents massifs montagneux français, et notamment dans les Hautes-Pyrénées depuis 1978.

▶ ❹ *Vous parvenez à un belvédère et au départ du sentier botanique de l'Espin Blanc.*

Le point de vue montre ici combien les activités humaines millénaires ont façonné le paysage. Le fond de vallée, très large, a permis aux hommes, après les grandes glaciations, de s'installer tout près de la haute chaîne. Au-dessus des cultures, vous pouvez distinguer soit des forêts dans les zones à forte pente en exposition nord, soit des prairies de fauche et des pâturages d'intersaison. Au-dessus et jusqu'à la limite des rochers, vous trouverez les pâturages d'été, appelés "estives".

*Mouflons de Corse... en Hautes-Pyrénées !*

▶ *Vous pouvez continuer par le sentier botanique pour retrouver plus haut le sentier balisé en jaune.*

Vous rencontrerez par ce sentier diverses espèces méditerranéennes qui poussent ici : l'**alaterne**, aux petites feuilles disposées alternativement sur le rameau, le **pistachier térébinthe**, cousin des pistaches à grignoter, l'**érable de Montpellier**, aux feuilles trilobées, la **viorne lantane**, aux fleurs en corymbe blanche odorante, l'immortelle **stœchas**, à la fleur jaune au parfum de curry.

▶ ❺ *Vous retrouvez le sentier qui monte au Pibeste. D'ici, une montée très progressive vous permettra de prendre de l'altitude tranquillement.*

Peut-être verrez vous sauter l'**œdipode bleuissant**, une espèce de criquet dont les ailes sont d'un beau bleu. Si vous aimez les plantes aromatiques, regardez le long du sentier. Vous trouverez encore de l'**origan**, mais aussi de la **sarriette**, aux fleurs blanches, et du **thym**, très utilisé en cuisine et en infusion contre les maux de gorge et pour aider la digestion. Il est antiseptique et expectorant. Vous apercevrez probablement les grands **vautours fauves** passer au-dessus de votre tête, et avec de la chance,

## Pyrénées ou Méditerranée ?

Les influences du climat local s'observent par la végétation. Ici, la montagne bénéficie d'un microclimat plus sec et plus chaud que le reste de la vallée, en raison du relief et de la nature de la roche. Vous pourrez ainsi noter une évolution dans la distribution des plantes. Les niveaux inférieurs sont occupés par une végétation d'origine méditerranéenne, tandis que plus haut, vous retrouverez les formations végétales montagnardes plus classiques.

*Petite cabane d'Ayzi, après le col des Portes.*

les **vautours percnoptères**, le **gypaète barbu** et le **circaète Jean-le-Blanc**.

▶ 6 *Vous passez le col des Portes (1229 m). A la bifurcation, prenez le sentier de droite qui traverse la pâture et pénètre de nouveau dans la forêt.*

Vous traversez une **hêtraie**. Entendez-vous tambouriner le **pic épeiche** ? Vous verrez sûrement la **sittelle torchepot**, qui monte le long des troncs et en descend la tête en bas. En cherchant bien près des endroits humides, vous repèrerez des empreintes de **blaireau**, de **chevreuil** et de **mouflons**.

▶ 7 *Vous voici au sommet (1349 m). Superbe panorama, vers la plaine. Les bâtiments sont ceux d'une ancienne gare de téléphérique. Pour le retour, suivez le même itinéraire.*

**Stéphane Martineau**
**Association Natura**

## On me traite de tous les noms d'oiseaux...

On m'appelle la Marie-Blanche, la Poule de Pharaon, le Poulet de Malte, la Dame-Blanche, Auquetta (petite oie blanche), Sai Xuria (vautour blanc), mais qui suis-je ? Le vautour percnoptère d'Egypte, dont quelques couples nichent dans les parois du Pibeste. Migrateurs, ils arrivent en mars et repartent en septembre vers l'Afrique.

*Fleurs et fruits du prunellier.*

## PRATIQUE

A Lourdes, prenez la direction d'Argelès-Gazost. 3 km avant Argelès, à l'entrée d'Ayzac-Ost, tournez à droite en direction d'Ouzous (à 2 km). Vous pouvez vous garer au parking près de l'église d'Ouzous.

La balade commence au parking de l'église.

Prévoyez une journée pour une durée de marche effective de 5 h. Dénivelé d'environ 770 m. Sentier balisé en jaune.

Toute l'année, mais l'hiver vous pourrez parfois trouver de la neige à partir du col des Portes.

Un petit circuit du patrimoine a été récemment réalisé dans le village et autour d'Ouzous.

# 11 | Un saphir dans son écrin glaciaire

*Véritable joyau pyrénéen, le Lac bleu est comme une goutte de ciel tombée sur les cimes. Après une halte contemplative, basculez dans la pastorale vallée du lac d'Ourrec, sous les ailes du gypaète, le long d'un sentier aux mille fleurs.*

*Le Lac bleu, qui ne peut pas mieux porter son nom.*

▶ *Devant l'hôtel du Chiroulet, descendez la route qui traverse l'Adour en direction de la centrale hydroélectrique. Un panneau indique la piste forestière qui serpente à travers une belle hêtraie sapinière. Vous croiserez une conduite forcée qui draine l'eau d'un réservoir en amont de la forêt jusqu'à la centrale.*

Vous êtes en train de traverser le garde-manger des **écureuils, mulots, pinsons, mésanges** qui fouillent à travers le feuillage à la recherche des faines (fruits du hêtre). Vous apercevez parfois le torrent impétueux venant du Lac bleu.

A la sortie de la forêt, à proximité du torrent, vous découvrez une zone humide ❶ peuplée de grandes plantes. C'est ce que l'on appelle une mégaphorbiaie. S'y épanouissent le **pigamon**, l'**adénostyle** et la **valériane des Pyrénées**.

Au niveau du réservoir circulaire ❷, contemplez en face le massif du Montaigu (2339 m) et au-dessus de vous, côté gauche, le Merlheu (2636 m), côté droit le Bizourtère (2311 m).

▶ *Continuez sur la piste peu pentue qui serpente à travers les rhododendrons et les genévriers.*

N'essayez pas d'accoster les belles blondes d'Aquitaine en "cure" dans le vallon, ici elles sont vaches ! Ne pas caresser sous peine de coups de cornes.

▶ *En traversant une première fois le torrent, vous changez de versant, et le sentier s'élève maintenant brutalement.*

## Poison sous la feuille

Les bourgeons du rhododendron ferrugineux, protégés du gel par le manteau neigeux, explosent en fleurs d'un rose éclatant en juin. Au revers des feuilles, de petites écailles serrées couleur rouille, d'où le nom de la plante, renferment un poison. Le bétail le sait bien et n'y touche point.

Ne vous pressez pas, la pente est abrupte ❸ et surtout la flore est abondante et exceptionnelle dans ces prairies. Vous y rencontrerez les belles et toxiques **digitale pourpre, aconit napel, trolle d'Europe, ancolie**, mais aussi des plantes médicinales comme la **pensée cornue** (laxative et dépurative), la grande **gentiane jaune** (apéritive), l'**arnica** de montagne (tonique et antinévralgique).

▶ *En plusieurs lacets, vous rejoignez la deuxième passerelle. Vous changez à nouveau de rive ; la pente est raide.*

Au mois de juin, vous serpenterez entre les magnifiques massifs roses de rhododendrons. L'arrivée au Lac bleu se fait entre la paroi et une murette ; la neige y est présente assez tard dans la saison. Vous débouchez sur le grand cirque d'origine glaciaire avec, en contrebas, un gigantesque saphir : ❹ Sous vos yeux s'étend le Lac bleu, le plus profond des lacs pyrénéens (120 m), d'une superficie de 47 ha. Les constructions proches du lac sont liées au chantier de creusement du tunnel permettant l'écoulement de l'eau du lac, celle de gauche sert au maniement des vannes. Vous avez en face de vous les crêtes qui séparent la vallée de Lesponne de celle de Barèges.

La cabane d'Herraou

1 cm = 385 m

*Cartes IGN 1647 ET et 1747 ET*

## LES FAMILIERS DU LIEU

Pinson, mésange, rouge-gorge, geai, rouge-queue, grand tétras, aigle royal, faucons, percnoptère, vautour, gypaète barbu.

Mulot, écureuil, martre, genette, hermine, renard, marmotte, chevreuil, cerf, isard, sanglier, desman.

Lézard des Pyrénées, lézard vivipare, vipère aspic, salamandre tachetée.

*Gypaète*

*Mer de nuages sous le pic du Bizourtère*

### Le gypaète barbu : un chercheur d'os

**Reconnaissable à sa longue queue ovale et à son poitrail orangé (adulte), le plus grand rapace d'Europe (jusqu'à 3 m) a failli disparaître de nos montagnes : longtemps pris pour un dangereux prédateur, ce surprenant oiseau se nourrit presque exclusivement des os laissés par les autres charognards.**

▶ *Devant la cabane de droite, prenez la sente qui s'élève a travers des dalles rocheuses. Le passage devient étroit. Vous faites une grande traversée en surplombant le lac, puis rejoignez un vallon* ❺*, avec sur votre gauche une ancienne cabane de berger.*

Vous avez peut-être entendu siffler les **marmottes**. Elles se complaisent dans ces prairies où maintenant abondent les blocs rocheux, sous lesquels elles creusent leurs terriers.

▶ *Grimpez au col. Les derniers mètres se font souvent dans la neige (névé persistant).*

Du col, une vue grandiose s'offre à vous. En moins de 10 mn, vous pouvez rejoindre les crêtes du Bizourtère ❻ et cette fois-ci vous dominerez, sur votre droite, le bassin du Lac bleu avec le Pic du Midi de Bigorre. Devant vous se trouve la vallée de Lesponne et le Montaigu, sur votre gauche la vallée du lac d'Ourrec, derrière la vallée d'Argelès, au fond la partie occidentale de la chaîne. Sur ces sommets, vous pourrez observer les passereaux de montagne, l'**accenteur alpin**, les **niverolles**. Les grands rapaces viennent souvent survoler ces estives à la recherche des **marmottes** pour l'aigle royal, des charognes pour le **vautour fauve**, le **percnoptère d'Egypte** et le majestueux **gypaète barbu**.

▶ *Restez sur le chemin principal, puis obliquez légèrement sur la gauche en arrivant au pied du versant. Suivez alors le bord du torrent, puis empruntez la passerelle pour atteindre l'autre rive. Vous passez devant la cabane d'Ourrec* ❼*. Suivez le fond du vallon direction nord-ouest. Sur votre gauche, une zone marécageuse. Un peu plus loin sur votre droite, une autre zone humide au pied d'un petit mont coté à 1760 m.*

Dans ces marécages ❽ prenez le temps de découvrir les plantes insectivores comme la **drosera** et la **grassette**.
Des brebis et des vaches séjournent à coté de la cabane dominant le lac d'Ourrec ❾.

▶ *Après avoir fait le tour du lac ou l'avoir traversé au niveau du déversoir, vous retrouvez le sentier qui traverse la prairie pour remonter sur un petit col. Sur votre droite, remarquez la cascade du Pich d'Ouscouaou, puis une gorge creusée par le torrent.*

## Le réservoir de l'Adour

Issu du surcreusement d'un glacier, l'immense cuvette du Lac bleu constitue le principal réservoir naturel de l'Adour (sans lui, en été, le maïs dans la plaine aurait bien soif). Ce cirque orienté plein nord conserve la neige très tard dans la saison. C'est un haut lieu de la pêche aux salmonidés.

Le sentier descend dans la pelouse, où l'on peut admirer au printemps la petite **renoncule des Pyrénées**, l'une des toutes premières à sortir dès que la neige se retire. Rapidement, vous entrez sous le couvert forestier, où les **bouleaux** côtoient les **sapins pectinés** et les **hêtres**. C'est le domaine de prédilection du **grand tétras**, et de son prédateur la **martre**. Dans le passé, cette vallée était un lieu de passage très fréquenté lors des migrations, surtout par les **palombes**.

▶ *Traversez le torrent et continuez à descendre.*

Sur la droite, vous avez une vue sur la cascade et sur le versant nord du Bizourtère, où vit un petit groupe d'**isards**. Soyez attentif aux indices des **chevreuils** et **cerfs**, crottes et frottis des jeunes arbrisseaux.

▶ *Le cheminement assez long vous mène en fond de vallée. Traversez le torrent sur une passerelle. Vous êtes au plateau d'Herraou* ⑩ *qui était dans le passé un hameau de cabanes de vachers appelé "courtaou".*

Vous longez l'Adour, dans laquelle se reproduisent les **truites fario**, et arrivez à une petite retenue. Cette eau s'écoule dans le réservoir circulaire du Lac bleu par une conduite forcée.

▶ *Vous n'avez plus qu'à suivre la belle piste qui croise le torrent (passerelle), juste après la retenue. Peu après, sur la droite, un pin sylvestre (écorce orangée) semble s'être perdu. Retraversez le torrent (passerelle) : vous voici à Cumvielh (la vieille combe)* ⑪*. En un quart d'heure, vous serez revenu au parking.*

**CPIE Bigorre-Pyrénées**

*Grassette*

## Vous avez dit carnivore ?

Il ne s'agit pas de gros mammifères sur ce circuit, mais de petites plantes surprenantes qui ont dû développer des astuces pour compenser le manque d'azote dans les zones détrempées. Pour cela, leurs feuilles ou leurs "tentacules" produisent un suc digestif où viennent se coller les insectes, dont il ne restera que l'enveloppe externe (chitine).

## PRATIQUE

- ▶ A Bagnères-de-Bigorre, prenez la direction des cols jusqu'au village de Beaudéan. Prenez sur la droite direction vallée de Lesponne Chiroulet.
- ✖ Parking du Chiroulet
- Comptez 7 h de marche, pour 1180 m de dénivelé de montée. Difficulté : randonneur confirmé, neige possible jusqu'en juin.
- Juin-juillet pour la floraison, septembre-octobre pour la luminosité et les couleurs. Conseils : partez tôt le matin ; équipez-vous d'une flore.
- Possibilité de se restaurer aux auberges du Chiroulet, et à Lesponne à l'épicerie-café chez "Gabrielle". Visite au Pic du Midi de Bigorre (le Vaisseau des étoiles). A Bagnères au Vallon de Salut : exposition environnement (juillet-août) du CPIE Bigorre-Pyrénées, Muséum d'Histoire Naturelle. Office de tourisme de la Haute-Bigorre 05 62 95 50 71, www.bagneresdebigorre-lamongie.com

# 12 | Pique-nique avec les **marmottes**

Hameau de Lurgues. Au fond, le pic Mail.

*De la gentiane en apéritif, suivie d'épinards sauvages aux baies de genièvre, quelques framboisiers et groseilliers pour finir... Une invitation à casser la croûte. Sortez vos provisions et grignotez en bonne compagnie !*

Vous êtes sur le parking des granges de Lurgues. La plupart de ces granges sont aménagées en résidences secondaires. Autrefois, les bergers fauchaient les prés alentour et stockaient le foin dans les greniers. Avez-vous remarqué l'étrange colline contre laquelle sont adossées les granges ? C'est un verrou glaciaire. Il y a quelques milliers d'années, les glaciers ont creusé la vallée. L'érosion de la roche dure a été plus difficile et a laissé ce dôme.

▶ *Depuis le parking, prenez le sentier balisé en direction des cabanes d'Auloueilh.*

Le paysage évolue. Le bois de **noisetiers** remplace désormais les pâturages. Si l'**écureuil** ne montre pas le bout de son nez, écoutez bien ! Le **rouge-gorge**, la **mésange**, la **fauvette** vous surveillent.

▶ *En sortant du bosquet, à la bifurcation, prenez à gauche en direction d'Auloueilh* ❶.

Vous évoluez désormais sur les estives (alpages des Pyrénées). C'est l'endroit rêvé pour trouver des **gentianes bleues**, des **orchidées sauvages** et une multitude de fleurs de couleurs vives et odorantes. Si vous levez les yeux sur votre droite, vous verrez le pic de l'Arbizon. Ce sommet domine la vallée d'Aulon du haut de

Gentianes bleues

## Velcro végétal

La benoîte ressemble au bouton d'or. Les anciens appelaient cette plante "la bénite", car elle a des vertus médicinales. Près des cabanes d'Auloueilh, on trouve la benoîte des Pyrénées, dont les fruits rougeâtres dotés de crochets ont inspiré le velcro. Plus près de l'eau pousse la benoîte des ruisseaux. Ses fleurs violacées ressemblent à de petites coupelles.

1 cm = 250 m

Carte IGN 1748 ET

ses 2831 m. Il est accessible aux randonneurs chevronnés uniquement.

▶ *Vous longez désormais un petit torrent qui serpente au fond de la vallée.*

Peut-être y trouverez-vous une plante insectivore : la **grassette**. Sa fleur ressemblant à la violette surmonte une rosette de feuilles ovales, sur lesquelles des moucherons viennent se coller.
Vous êtes sur le territoire des **isards**. Ils ne sont pas loin ! Prenez vos jumelles, scrutez le flanc de la montagne... En apercevez-vous ?
Vous voici bientôt près des cabanes d'Auloueilh ❷. Les **moutons** et les **vaches** qui paissent dans ce petit cirque sont paisibles. Mais attention, ils n'aiment pas plus les caresses que les coups de bâtons, et peuvent attaquer. Avec un peu de chance, vous rencontrerez le berger et discuterez avec lui. Imprégnez-vous de l'histoire de la vallée et des légendes sur l'**ours**, s'il en a dans sa besace...

## Les familiers du lieu

- Isard, hermine, renard, chevreuil, sanglier, écureuil, cerf, lièvre, marmotte.
- Vautour fauve, aigle royal, gypaète barbu, niverolle, accenteur alpin, grand tétras.
- Vipère aspic, grenouille rousse, lézard des Pyrénées, euprocte des Pyrénées.

## La réserve naturelle volontaire

**Cette balade se déroule sur les espaces de la réserve naturelle volontaire d'Aulon. Ce classement est motivé par une grande richesse naturelle. Ceci n'empêche pas la pratique d'activités traditionnelles. Par contre, cela implique de votre part de respecter d'autant plus la faune, la flore, le paysage et les gens qui y vivent.**

*▶ Continuez alors en prenant le chemin sur le versant en face de vous.*

Soyez attentif, vous traversez un village de **marmottes**. Certaines grignotent paisiblement l'herbe rase. Il est possible que d'autres s'enfuient en ondulant pour s'abriter dans leurs terriers, en sifflant pour alerter leurs congénères. Quelques plantes à aiguilles piquantes bordent le chemin. Ce sont des **genévriers**. Leurs baies, toxiques lorsqu'elles sont crues, servent pour la cuisine de la choucroute. Elles étaient utilisées autrefois pour parfumer les grillades.

*▶ Le chemin passe par une petite crête : la Pène d'Ariélère ❸. Faites bien attention dans ce secteur car le chemin traverse une pente un peu raide.*

*▶ Franchissez ensuite une petite combe puis installez-vous sur la crête suivante, avant la clôture ❹.*

C'est le point le plus élevé de votre randonnée (2050 m). Le panorama sur la haute chaîne pyrénéenne et sur la vallée d'Aure est exceptionnel. Quelques sommets s'élèvent à plus de 3000 m d'altitude. L'endroit est idéal pour pique-niquer. L'**érythrone dent-de-chien**, petite fleur violette aux feuilles tachetées de brun, parsème le sol. Au-dessus de vous, aurez-vous le plaisir de voir les **vautours fauves**, l'**aigle royal** ou le **gypaète barbu** qui planent en utilisant les courants d'air ascendants ?

*▶ Vous entamez alors la descente. Pour cela, passez de l'autre côté de la clôture et suivez le sentier jusqu'au fond de la vallée.*

A droite, on voit le pic de Montarrouyes ("le mont rouge"). A gauche, presque au fond du vallon de Rabat, remarquez les cabanes en ruine du Cap Détestés.

*▶ Le chemin traverse le ruisseau et conduit près des cabanes. Puis vous empruntez le fond du vallon. Avant d'entrer dans la sapinière, arrêtez-vous près de la cabane de Coussitirou ❺.*

Il fut un temps où celle-ci était utilisée par le vacher, qui montait deux fois par jour pour traire les vaches. Elle sert aujourd'hui à entreposer le matériel des éleveurs.

*Village d'Aulon et pic de l'Arbizon*

### Embouteillages chez les ovins

Au début de l'été, quelques bergers des Baronnies arrivent avec leurs moutons. Après avoir marché une journée, les hommes et les troupeaux prennent une nuit de repos au village d'Aulon. Le lendemain, les 2000 brebis partiront pour la saison, sur les estives, avec deux bergers. C'est la transhumance.

*Vaches en estive*

Mais quelle est donc cette plante aux feuilles en forme de cœur ? Serait-ce des épinards ? En effet, ce sont les **épinards sauvages** ou chénopode "Bon-Henri", que les paysans vendaient autrefois sur le marché.

▶ *Longez ensuite le ruisseau de Rabat par la forêt.*

Ce vallon est riche d'arbrisseaux et d'arbustes à baies. Des **framboisiers**, **sorbiers**, **merisiers à grappes** et **groseilliers** offrent leurs fruits juteux aux petits animaux. Restez à l'affût, vous les verrez peut-être ! Regardez aussi dans la sapinière, qu'habitent le **chevreuil**, le **sanglier** et le **pic noir**.

▶ *Après avoir traversé le ruisseau, descendez jusqu'au barrage servant de réservoir. La piste donne sur la route. Il ne vous reste plus qu'à rejoindre le parking en prenant sur votre gauche. Rafraîchissez-vous avec l'eau de la fontaine, et bonne route !*

**CPIE Bigorre-Pyrénées**

*Vautour fauve*

## PRATIQUE

Depuis Tarbes, rendez-vous à Lannemezan, puis prenez la direction de La Barthe-de-Neste. A La Barthe-de-Neste, suivez la D929 en direction de Saint-Lary. Au village de Guchen, tournez à droite vers Aulon (D30). Au virage en épingle à cheveux, sous le village, prenez la route de Lurgues, à gauche.

Parking au bout de la route de Lurgues.

6 h pour 9 km environ. Dénivelé : 600 m. Balisage : traits jaunes. Randonnée pour bon marcheurs uniquement. Faites attention à la pente à l'intersection du chemin et de la crête de la Pène d'Ariélère. Recommandation : vous circulez sur une zone pastorale. Si vous avez des chiens, évitez ce parcours.

De mai à octobre.

Fête de la transhumance à Aulon aux alentours du 1er juin.
A faire après la balade :
- manger à l'auberge du village d'Aulon
- visiter l'église d'Aulon, avec son retable du 16e siècle et divers objets classés
- aller à la foire des estives qui a lieu à Lurgues au début du mois de septembre
- dormir à l'hôtellerie du Pic Noir.

# 13 | La sentinelle du piémont

*Avant-garde des Pyrénées, le Signal de Bassia veille sur les coteaux de Gascogne et offre une vue grandiose jusqu'aux crêtes espagnoles. En traversant forêts et estives, ce sentier de transhumance, parsemé de fleurs, donne un avant-goût de la haute montagne.*

Au sommet du Signal de Bassia

▶ *Au col de Beyrède (1461 m), vous êtes dominé par un grand dôme, le Signal de Bassia, dont le chemin est signalé dès le carrefour des routes par un panneau : "le Bassia de Hèche 1h45". Vous empruntez un chemin à travers l'estive où pâturent de nombreux chevaux et vaches (ne vous approchez pas trop près des petits, les mères peuvent devenir dangereuses). Ce chemin, où l'on devine des traces de véhicule, bifurque sur la gauche au bout de 200 m. Vous commencez à voir le balisage jaune au sol.*

Le chemin passe aux abords de houx rabougris sans fruits, très piquants, et très denses. Puis vous entrez dans une vieille forêt de **sapins pectinés** ❶ où les pignes dressées vers le ciel (contrairement à celles des épicéas, qui pendent) se défont en octobre-novembre. En levant la tête, vous constatez que des boules de gui se sont installées sur ces vieux sapins fragilisés par l'âge et les périodes de sécheresse. C'est dans ces vielles forêts de conifères que vit le **pic noir** souvent entendu dans le secteur. De longs filaments de lichens pendent sur les branches de sapin ; il s'agit ici d'**usnée barbu**. Celui-ci est bien utile : il sert de nourriture hivernale aux cervidés présents dans ces montagnes lorsque la neige recouvre tout ; pour nous, il indique que l'endroit est des plus sains car il ne supporte pas la moindre pollution de l'air (c'est ce que l'on appelle un bio-indicateur).

▶ *Dans cette partie, le chemin, qui est presque à plat, va s'élever brusquement et se rétrécir.*

## Les familiers du lieu

- Chocard, vautour, gypaète, aigle royal, coq de bruyère, geai, pic noir…
- Cerf, martre, sanglier, blaireau, renard…
- Triton, grenouille rousse.

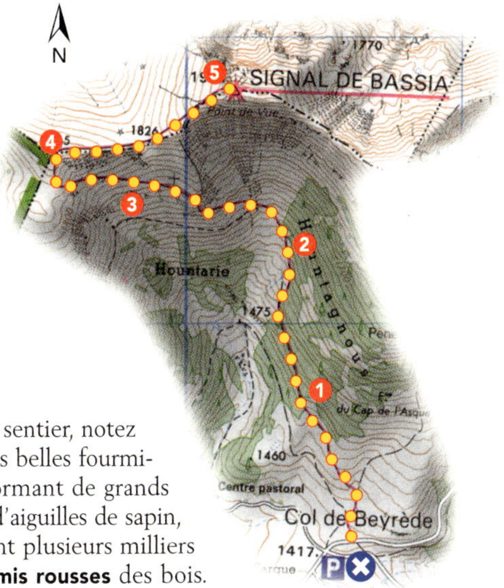


1 cm = 278 m

© IGN Paris 2007

Près du sentier, notez quelques belles fourmilières formant de grands dômes d'aiguilles de sapin, où vivent plusieurs milliers de **fourmis rousses** des bois. Celles-ci reçoivent parfois la visite du pic noir, voire du **blaireau**, qui sont tous deux grands amateurs des fourmis et de leurs larves. Vous grimpez à travers les premiers affleurements calcaires dans lesquels vous pourrez observer de petits escargots. Vous verrez peut-être des coquilles cassées sur les pierres. C'est la trace des **grives** et des **merles**, qui raffolent de ces petits mollusques. De nombreux **geais** font entendre leurs cris railleurs.

*La grive musicienne*

▶ *Suivez le balisage jaune sur les pierres.*

Autour de vous abonde le **thym serpolet**, qui décore et embaume ces estives grâce à ses petites fleurs violines. A la sortie de la forêt, vous traversez une zone humide ❷ avec un abreuvoir, dans lequel vous trouverez des **têtards** et parfois des **tritons**.

▶ *A partir de cette zone marécageuse, le petit sentier s'élève au pied du versant sud du signal du Bassia.*

*Thym serpolet*

Vous pouvez être survolé par les **grands corbeaux** ainsi que les **vautours fauves**. Tous deux charognards opportunistes, ils survolent ces grandes estives à la recherche de bêtes agonisantes ou déjà mortes. Le grand corbeau se fait

*Carte IGN 1747 ET*

*Vautours dans une ascendance*

## Ça plane pour eux

Les vautours fauves (jusqu'à 2,80 m d'envergure) vivent en colonies. Ces superbes rapaces, grands planeurs, passent aisément d'une vallée à l'autre. Avec leur bec puissant, ils sont les mieux outillés pour disséquer le bétail mort en estive à cause de la foudre, des maladies et des chutes.

*Chardon bleu des Pyrénées*

*Milan royal*

## Le pic noir

Ce grand pic tout noir avec une calotte rouge adore les hêtraies sapinières. Il creuse dans les vieux arbres une grande cavité à ouverture ovale où il élève ses petits. Il se nourrit principalement de larves xylophages (mangeuses de bois), et de fourmis qu'il attrape avec le bout gluant de sa longue langue.

### L'étoile d'azur

**Endémique (on ne le trouve qu'ici), le chardon bleu des Pyrénées apprécie beaucoup les zones rocailleuses de moyenne montagne et fleurit en juillet-août. Il fait partie des plantes médicinales dont les racines sont diurétiques. A photographier mais ne pas cueillir.**

connaître également par son croassement grave. Il est le premier à investir une charogne, où il attaque les parties les plus molles (œil, bouche, anus, pis). Les **milans** puis les vautours fauves prennent le relais sur les carcasses.

▶ *Vous arrivez à une combe puis quelques mètres plus haut à un petit replat avec un cairn (petit tas de pierres).*

Profitez-en pour admirer l'imposant massif de l'Arbizon avec, à ses pieds, le plateau de Payolle, et au loin les crêtes frontières des vallées d'Aure, Louron, Luchon. Le dernier massif enneigé à l'est, visible par grand beau, n'est autre que l'Aneto, le plus haut sommet des Pyrénées (3404 m).

▶ *Continuez sur le sentier qui serpente sur le versant à découvert* ❸.

Il n'y a plus que de la végétation rase, dans laquelle se développent de nombreux chardons comme la **carline acaule**, le **chardon bleu des Pyrénées**, mais aussi l'**érine des Alpes**. C'est un milieu qu'apprécie aussi la **perdrix grise**, bien difficile à débusquer, contrairement au **chocard à bec jaune**, dont les cris stridents et roulés ("skrîî, brrrî, tziu") vous accompagnent dès que vous arrivez sur les sommets.

*Vue sur les coteaux de Gascogne. Sommet du Bassia.*

Vous voici au petit col ❹. Face à vous s'étale une grande partie du piémont pyrénéen et de la Gascogne. A vos pieds se trouvent les Baronnies, avec un sommet sur votre gauche nommé Casque du Lhéris, dont la face sud paraît tranchée à la hache. Vous apercevez, placé sur un dôme des Baronnies, le château de Mauvezin, où séjourna Gaston Phœbus, seigneur pyrénéen du XIVe siècle. A l'ouest apparaît l'agglomération tarbaise, en face le plateau de Lannemezan, à l'est les villes de Montréjeau et Saint-Gaudens.

▶ *Longez la crête : vous arrivez bientôt au sommet ❺.*

Parmi les herbes, vous pouvez observer des **globulaires**, dont le nom vient de la forme de la fleur. Attention, il s'agit d'une plante toxique qui entraîne des problèmes digestifs ! A travers les roches calcaires de la crête, recherchez les **orpins**, ces petites plantes succulentes ("succulentes" ne veut pas dire qu'il faut en agrémenter vos sandwichs : ce terme signifie que ces plantes retiennent l'eau à travers leurs feuilles, ce qui leur permet de s'installer dans des milieux difficiles comme ces crêtes à près de 2000 m, où le manque d'eau se fait souvent sentir). Parvenu au sommet, vous rejoignez le pylône qui accroche votre regard depuis le départ. Installé depuis peu sur ce site, il sert de relais. Autour de vous, de nombreuses **orties** témoignent de la fréquentation des lieux par les troupeaux. En effet, les déjections animales favorisent l'implantation de ces végétaux.
Depuis ce remarquable point de vue, en regardant vers le sud, vous embrassez un tiers de la chaîne pyrénéenne.

▶ *La descente se fait par le même chemin.*

**CPIE Bigorre-Pyrénées**

*Du sommet de Bassia*

## De Payolle à Versailles

Au départ de la balade, de gros blocs rectangulaires en partie enterrés vous ont intrigué ? Ils sont tombés des chars à bœufs qui transportaient le marbre de la carrière de Payolle, à Sarrancolin. Ils étaient alors chargés sur des radeaux pour rejoindre la Garonne, l'océan... et finir à Versailles et à l'Opéra de Paris !

## PRATIQUE

De Bagnères-de-Bigorre, prenez la direction de Campan puis du col d'Aspin. A partir du plateau de Payolle, prenez la direction du col de Beyrède ; ou bien depuis le col d'Aspin, en redescendant vers le plateau de Payolle, prenez sur votre droite une piste forestière qui mène au col de Beyrède ; ou encore, prenez depuis la vallée d'Aure, aux villages de Sarrancolin et Beyrède, la direction du col de Beyrède.

Col de Beyrède

Balade d'une demi-journée, 400 m de dénivelé, balisé en jaune.

Meilleures périodes : le printemps pour l'explosion végétale et les sommets encore enneigés, l'automne pour les couleurs des forêts, le brame du cerf et les migrations.

Plateau de Payolle, tour du lac, activités sportives, restauration.
Visites à Bagnères-de-Bigorre : Expo-environnement au CPIE, Muséum et conservatoire botanique, Musée du vieux moulin (arts et traditions populaires).

# 14 | La piste aux fougères

*Cette randonnée facile, au pied de la haute montagne, permet de plonger dans un milieu paisible. L'homme semble en harmonie avec la nature, mais l'abondance des fougères témoigne d'un recul des activités pastorales.*

*Le paisible vallon de Serris*

▶ *Depuis le parking de l'office de tourisme, remontez la rue principale (rue Larrey). Tournez à droite après le restaurant "Le Catala". Passez devant l'église.*

Regardez le château des Comtes de Beaudéan. Juste devant s'élève une maison haute et carrée. Mais à quoi pouvait-elle servir ? C'était la prison du village ! Toutes les maisons sont groupées sur le versant exposé au soleil. Remarquez les balcons couverts, tous orientés vers le sud.

Au bord du torrent, un magnifique lavoir. Poursuivez. Bientôt sur votre gauche, après l'unique maison versant nord, vous remarquerez d'étranges constructions en pierres en forme d'arcades. Ce sont les vestiges d'anciens fours à chaux (voir encadré).

▶ *Plus loin sur votre gauche, près du panneau pastoral, grimpe une piste que vous empruntez* ❶.

D'énormes **châtaigniers** bordent le chemin. Pendant des siècles, leurs fruits étaient un complément alimentaire non négligeable pour les villageois. Au pied d'un châtaignier foudroyé, les **fourmis rousses** ont élu domicile. Saviez-vous qu'on les surnomme les "fourmis pompiers" car l'acide qu'elles projettent pour se défendre peut éteindre une flamme ?

▶ *Vous arrivez à un croisement de pistes* ❷.

Sur votre gauche, d'immenses enclos protègent des plantations communales de **noyers**, **hêtres** et **chênes**. C'est la solution

## Les fours à chaux

Le vallon de Serris se trouve dans un massif calcaire, dont les hommes ont su tirer parti. Soit par l'extraction de la magnésie (utilisée dans l'industrie), soit en faisant chauffer la roche dans des fours afin de la réduire en poudre et de l'utiliser pour chauler les murs des maisons.

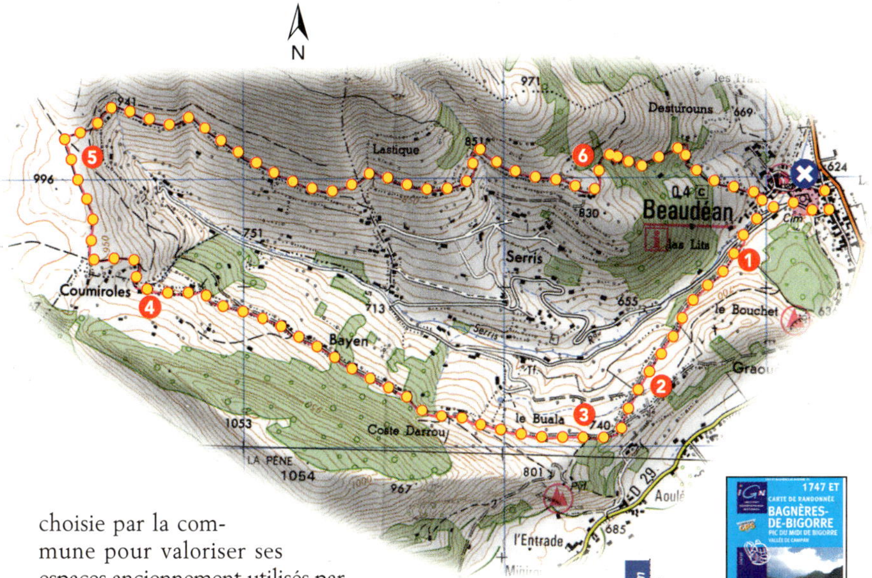


choisie par la commune pour valoriser ses espaces anciennement utilisés par les bergers.

▶ *Suivez la piste face à vous jusqu'au croisement suivant. Prenez la piste de droite* ❸.

Le vallon de Serris s'offre à vous, parsemé de fermes accrochées aux versants. Un petit sommet domine sur le versant opposé. Du haut de ses 1259 m, le Monné (le mont noir) pourra être l'objectif d'une prochaine randonnée.

▶ *Continuez sur la piste.*

Vous êtes tantôt dans le bois, tantôt parmi les prairies. De magnifiques granges foraines aménagées en résidences secondaires bordent le chemin. Parmi les arbres que vous côtoyez, il y a des **hêtres**, des **frênes** et des **noisetiers** dont les branches partent toutes depuis le sol. Sur votre gauche, le captage d'un petit ruisseau alimente un grand abreuvoir.

*Feuilles de hêtre*

▶ *Le chemin devient plus encaissé et plus étroit. La pente se raidit un peu. Après avoir franchi la petite barrière* ❹*, vous arrivez sur les prairies de la plaine d'Esquiou.*

*Carte IGN 1747 ET*

*Loir*

## Les familiers du lieu

- Milan royal, milan noir, buse variable, fauvettes, geai…
- Chevreuil, renard, blaireau, écureuil, sanglier, cerf, loir.
- Crapaud accoucheur, vipère aspic, orvet, grenouille rousse, salamandre.

## La déprise agricole

**Quand l'homme s'en va, la nature reprend ses droits. Dès que les troupeaux disparaissent, leurs pâturages sont envahis par une végétation spécifique suivant le sol. La forêt revient. Noisetiers, genêts, bouleaux, fougères... sont le cortège de cette recolonisation végétale qui marque la déprise agricole.**

*Bouleau*

*Fauvette à tête noire*

C'est le point le plus haut de la balade (980 m). Remarquez toutes ces **fougères** (voir encadré). Elles profitent du faible pâturage pour se développer. Les paysans ont bien essayé de les supprimer en les brûlant (écobuage). Mais les fameuses plantes semblent pousser de plus belle. Peut-être verrez vous quelques **chevaux** sur cette estive basse (alpage des Pyrénées) ?

▶ *Suivez la direction indiquant le tour de Serris* ❺.

Vous entamez la descente par le versant sud du Monné. Le chemin est bordé de haies. Il marque la limite entre des espaces de prairies de fauche privés, sur votre droite, et des espaces publics d'estives. De temps à autre, vous remarquerez à nouveau des granges. Certaines d'entre elles se trouvent dans la forêt de **noisetiers** et de **bouleaux**. C'est la preuve que la forêt a gagné du terrain. Un peu plus loin, de petites niches en pierres, dotées de portes en bois, reçoivent l'eau d'une fontaine. Ce sont des leytés. Les vachers qui surveillaient autrefois leurs animaux sur les estives venaient y déposer le lait de la traite. Le récipient qui baignait dans l'eau demeurait ainsi au frais.

*Geai des chênes*

▶ *Continuez votre chemin jusqu'à un petit dôme enherbé* ❻.

De là, le panorama sur les hautes montagnes est remarquable. Vous reconnaîtrez le Pic du Midi-de-Bigorre avec son antenne (2872 m). Sur sa droite, le plus haut sommet visible est le Pic de Montaigu (2339 m). La vallée de Lesponne s'étend sur votre droite. Elle rejoint devant vous la vallée de Campan. Voyez comme le fond de ces vallées est plat. Il témoigne du passage

## Une toponymie instructive

En regardant votre carte, vous découvrez des noms étranges : Bouchet, Buala, Coumiroles, las Lits. Dans le patois local, ils ont tous une signification. Ils indiquent parfois le relief (Coumiroles=creux), la végétation (Bouchet=buis) ou l'utilisation du lieu (Buala=pâturage proche des habitations réservé aux bovins chargés des travaux des champs).

Blaireaux

de glaciers il y a bien longtemps. A la confluence de ces deux vallées, en contrebas, regardez le village de Beaudéan. Vous n'êtes plus très loin de l'arrivée.

▶ *Continuez par le petit chemin. Il passe par la combe (creux de la petite vallée).*

Si le chemin est boueux, cherchez la trace du **blaireau**. Certains d'entre eux vivent ici dans le bois. Ecoutez le **pic**, la **mésange** et tous les autres...
Le chemin serpente dans le bois. Essayez de repérer le **merisier**, le **sureau**, l'**orme**, le **châtaignier** ou encore l'**églantier**.

▶ *Vous passez près d'une grange. Après la petite barrière, descendez jusqu'au village.*

Si le cœur vous en dit, n'hésitez pas à flâner dans les ruelles avant de rejoindre la voiture.

**CPIE Bigorre-Pyrénées**

## L'utilité de la fougère aigle

Autrefois limitée à quelques secteurs biens déterminés, cette grande fougère occupe désormais des prairies sous-pâturées. La fougeraie offrait aux agriculteurs un apport substantiel. La plante était fauchée, séchée et acheminée en traîneau à la ferme, où elle servait de litière pour les animaux.

Fleur d'églantier

## PRATIQUE

Depuis Bagnères-de-Bigorre, prenez la D935 en direction de la route des cols. Après 6 km, entrez dans le village de Beaudéan.

Parking près de l'office de tourisme de Beaudéan.

5 h, 8 km. Dénivelé : 350 m. Balisage : traits jaunes. Randonnée familiale sans difficulté. Recommandation : vous circulez sur une zone pastorale. Si vous avez des chiens, tenez-les en laisse.

Toute l'année

Restaurant "Le Catala". Musée "Larrey" de Beaudéan.Visites à Bagnères-de-Bigorre : Expo-environnement au CPIE, Muséum et conservatoire botanique, Musée du vieux moulin (arts et traditions populaires).

# 15 | En passant par la **Bouche**

*Cette balade n'a rien de gastronomique : "Eth bouch" désigne le buis en bigourdan. C'est un milieu original de buis, bruyère, orchidées où l'on trouve grottes et dolines*. Chocards et vautours survolent les granges qui témoignent de l'occupation des lieux par les bergers.*

*La vallée de Campan*

## • Campan (Pont noir) – Courtaou du Teilhet (2h)

▶ *Traversez l'Adour sur le Pont noir.*

Essayez d'observer le **cincle plongeur** : reconnaissable à son plastron blanc, cet oiseau de la taille d'un merle pêche inlassablement sa nourriture en se posant sur les rochers du lit de l'Adour et en plongeant soudainement pour attraper des larves d'insectes. Avec un peu de patience, vous pourrez peut-être assister à son manège aquatique.

▶ *Au bout du pont, prenez sur la droite le chemin longeant la rivière. Bordé de buis, ce sentier s'élève en une traversée régulière jusqu'à un croisement. Prenez à gauche, direction les "les Hêches". Plus loin, vous pénétrez dans un sous-bois avec une grange en ruine sur la gauche.*

La montée s'accentue en traversant une ancienne prairie peuplée de jeunes chênes et bouleaux, terrain de prédilection du **blaireau** et du **renard**. Ne touchez pas à leurs déjections car elles peuvent être vecteurs de maladies.

▶ *Vous arrivez à une croisée de chemins. Continuez tout droit en laissant un sentier à votre droite et deux sentiers à votre gauche, qui montent. Traversez jusqu'à un abreuvoir et un "leyté" (niche en pierre, irriguée en permanence, où les bergers mettaient les bidons de lait à rafraîchir). Bientôt, votre sentier décrit un lacet sur la gauche ❶ (panneau) et vous dirige sur un chemin*

### Les familiers du lieu

- Cincle plongeur, vautour fauve, grand corbeau, faucon pèlerin, crave à bec rouge, chocard à bec jaune, percnoptère d'Egypte.
- Loir, renard, chevreuil, sanglier, cerf, blaireau, chauve-souris (grand et petit rinolophe).
- Salamandre tachetée, lézard des murailles, orvet, couleuvre à collier, grenouille rousse.

* *Doline : effondrement de terrain de forme circulaire dans le calcaire.*

*Blaireau*

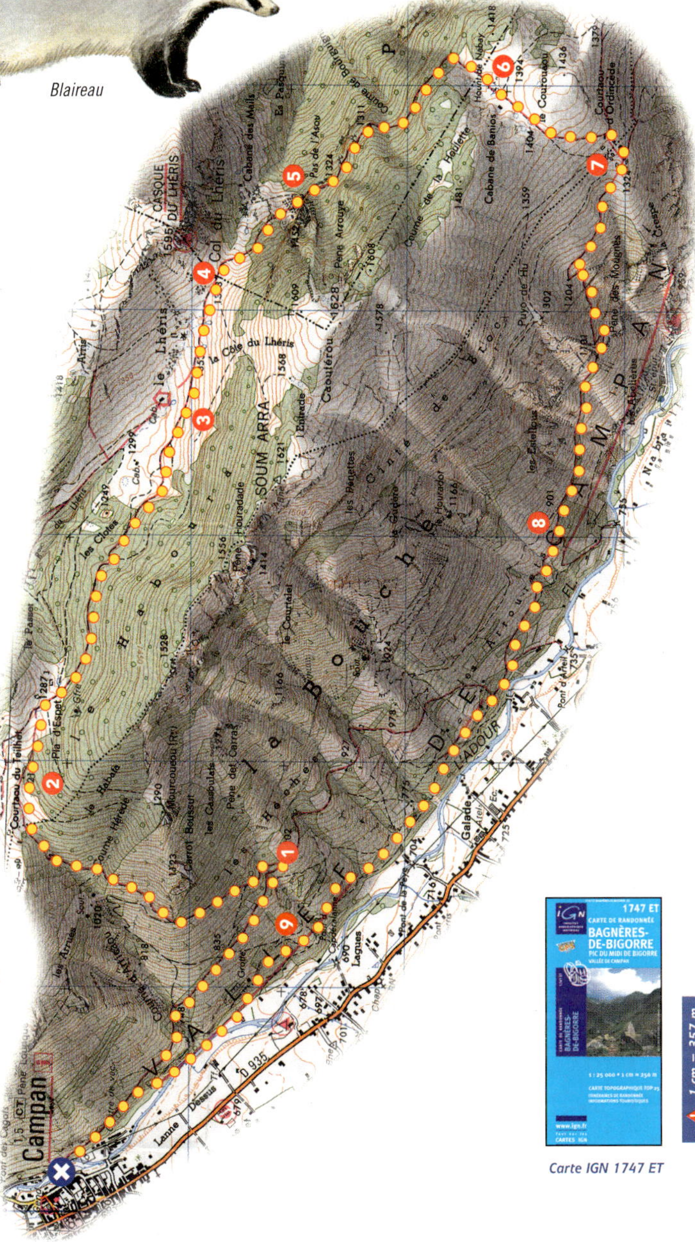


*Carte IGN 1747 ET*

1 cm = 357 m

## Fragile gypaète barbu

**Longtemps persécuté, le gypaète a bien failli disparaître des montagnes européennes à la fin du XIXe siècle. Le dérangement lors de la nidification, aussi néfaste qu'un poison ou une balle de fusil, peut être fatal pour le jeune car les adultes abandonnent momentanément le nid et le jeune peut mourir de faim ou de froid. Sachez qu'un arrêté ministériel du 24/02/2000 interdit la prise de vues, d'images et de sons à moins de 700 m.**

*Le gypaète barbu est rusé : pour briser les os des charognes, dont il se nourrit, il les laisse tomber sur des rochers. D'où son surnom : le "casseur d'os".*

*taillé dans le roc pour les travaux hydroélectriques de la vallée. Montez jusqu'à une bifurcation et un beau belvédère (Monné, Montaigu et Pic du Midi).*

*Notre chemin s'élève sur la droite (à gauche, un chemin conduit à une ancienne galerie hydroélectrique). La montée, pavée par endroits, fait un lacet et sort de la forêt pour déboucher sur une prairie. Des ruines de granges marquent l'arrivée au "Courtaou du Teilhet" ❷, et l'accès se fait par un passage dans les buis en suivant la ligne de pente.*

Ce courtaou, ou ensemble de granges, était utilisé par les bergers et les troupeaux l'été. Cette tradition pastorale a maintenu une faune particulière : **vautours fauves, grands corbeaux**. Ces derniers sont d'ailleurs les plus malins pour découvrir les charognes, et c'est leur attroupement qui attire les grands vautours pour la curée.

*Grands corbeaux*

## • Courtaou du Teilhet – Col du Lhéris (1h)

▶ *Sur le bas du courtaou, rattrapez un chemin qui passe au-dessus de ruines de granges puis dans une prairie, jusqu'à des abreuvoirs.*

Celui-ci se dirige vers la hêtraie sapinière où il n'est pas rare de trouver des moquettes (crottes) de **chevreuils**. Au sortir de la forêt, vue imprenable sur les falaises calcaires du Casque du Lhéris. Vous pouvez remplir vos gourdes à l'abreuvoir de la cabane ❸.

▶ *Un vallon herbeux vous mène au col du Lhéris* ❹.

Arrêtez-vous pour croquer un morceau en admirant le paysage des Hautes-Baronnies. Ce site est un lieu

*Chocard à bec jaune*

## Les Cagots, parias parmi les parias

Tels des indiens intouchables, les Cagots étaient, dès le Moyen-âge, mis en quarantaine de la société. Ils avaient leur propre porte et leur propre bénitier à l'église de Campan, encore visibles aujourd'hui. On leur prêtait des maladies comme la lèpre, et ils ne pouvaient posséder de terres. Ils furent autorisés à travailler le bois, matériau non-porteur de maladies. Population d'origine incertaine dont on retrouve des traces dans tout l'ouest de la France, les Cagots ont été couramment discriminés jusque sous Louis XIV. Une exposition leur est consacrée au château des Nestes, à Arreau.

Hautes-Baronnies, vues du col du Lhéris

d'estives où vous verrez chevaux et vaches, et entendrez les cris rauques du **crave à bec rouge** et du **chocard à bec jaune**. C'est le biotope idéal pour ces corvidés, ainsi que pour le **faucon pèlerin** et le majestueux **gypaète barbu.**

## • Col du Lhéris – Courtaou d'Ordincède (1h)

▶ *Traversez flanc droit jusqu'à la forêt où le sentier, en deux lacets, rejoint un chemin plus important menant à un grand pierrier.* ❺

Succession de petites montées et descentes qui traversent une forêt pentue de **sapins pectinés**. Au printemps, il n'est pas rare d'entendre le martèlement des becs puissants du **pic épeiche** et du **pic noir** cherchant dans le bois leur nourriture ou creusant leur nid.

▶ *Cette longue traversée aboutit finalement à une prairie, où affleurent de nombreuses roches calcaires. Dirigez-vous sur votre droite en suivant le fond du vallon.*

Vous passez à coté d'une énorme doline ❻ – effondrement dans le calcaire – qui, l'été, sert souvent de point d'eau pour les troupeaux. Au fur et à mesure que vous avancez, le panorama s'agrandit, et vous découvrez de droite à gauche les trois massifs principaux de la vallée : Montaigu, Pic du Midi-de-Bigorre avec son antenne, et Arbizon.

▶ *Le chemin descend alors sur la gauche pour arriver sur le Courtaou d'Ordincède* ❼.

Ce site mérite un arrêt prolongé pour admirer les vallées glaciaires de Gripp et Payolle se rejoignant au village de Ste-Marie de Campan, que vous apercevez. Vous serez surpris par la mise en valeur de ce paysage par l'homme. Depuis huit siècles, le berger a défriché la forêt pour étendre des prairies de fauche (foin), et construit des granges et canaux d'irrigation. A partir du mois de mars, il n'est pas rare de voir le **percnoptère d'Egypte**, qui revient de sa migration en Afrique du Nord. Reconnaissable à ses ailes blanches bordées de noir, ce petit vautour à tête jaune est un familier des lieux.

## • Courtaou d'Ordincède – Campan (2h15)

▶ *Un chemin bien tracé descend sur le flanc droit, versant vallée de Campan. Des lacets permettent de franchir un système de barres calcaires, puis continuent à travers prairies et végétation*

### Hydroélectricité : les travaux d'Hercule

Pour acheminer l'eau de la haute montagne jusqu'à la centrale de Beaudéan, 14 km de tunnel ont été creusés. Ce chantier a duré de 1947 à 1954, employant jusqu'à 450 personnes. Pour accéder à la galerie principale et évacuer les déblais, on a ouvert des tunnels secondaires, "les fenêtres". La montagne de la Bouche renferme 4 fenêtres et 6 km de galeries.

Percnoptère d'Egypte

## Sexe, mensonges et orchidées

Ophrys bécasse, couillon de chien, pain de couleuvre... autant de noms imagés qui marquent l'importance des orchidées dans les mythes et traditions populaires. On prêtait à celles-ci des effets bénéfiques ou néfastes qui ont failli entraîner leur disparition. Elles méritent notre respect pour avoir développé des stratégies de reproduction stupéfiantes, étant capables de prendre l'aspect d'un insecte femelle afin de leurrer le mâle qui, en croyant s'accoupler, favorise la pollinisation de la plante.

*épaisse. Laissez par deux fois un sentier sur votre gauche. Une longue descente vous attend, bordée de haies de buis.*

Belle vue sur la vallée. Vous êtes en plein cœur de la Bouche, versant calcaire d'exposition sud-ouest qui abrite de magnifiques orchidées, **orchis brûlée, ophrys bécasse, orchis verdâtre, orchis de fusch** (ou "couillon de chien"). Surtout ne les cueillez pas !

*Ophrys bécasse*

▶ *Vous arrivez enfin à un croisement 8, où vous suivrez la direction du panneau Campan. L'itinéraire longe alors la rivière se trouvant en contrebas. Passez au dessus des ponts de La Pèye et de Capdéralanne.*

Bientôt, vous longerez des falaises creusées de petites grottes 9, qui abritent de nombreuses espèces de chiroptères (chauves-souris), **petits et grands rhinolophes**. La légende raconte que ces grottes servaient d'habitations aux Cagots (voir notre encadré précédemment).

▶ *Continuez à longer la rive droite de l'Adour et rejoignez Campan.*

**CPIE Bigorre-Pyrénées**

## PRATIQUE

A Campan (6 km au sud de Bagnères-de-Bigorre), première rue à gauche (panneau "aire de jeu"). Garez votre véhicule sur le parking près de la fontaine-abreuvoir.

Remontez la rue de Lesponne. Devant le Café de l'Adour, prenez le chemin de gauche qui descend à la pisciculture. Vous êtes entre la rivière Adour et des bassins d'alevinage de salmonidés. Vous arrivez au Pont noir, départ de la randonnée (panneau). Balisage : jaune, peintures et panonceaux normalisés indiquant les directions (réalisation : associations "Rocadour" et "ETE").

Une journée, 14 km. Dénivelé : 700 m. Pas de difficulté technique particulière à part certains passages en corniche, glissants par temps humide. Déconseillé avec de jeunes enfants. Attention : vous êtes dans une zone pastorale, tenez votre chien en laisse.

Toute saison par temps dégagé (points de vue).

Office de tourisme de Campan (tél : 05 62 91 70 36) ; Office de tourisme de la Haute-Bigorre (tel 05 62 95 50 71 ; otcampan@wanadoo.fr) ; CPIE Bigorre-Pyrénées (tél : 05 62 95 49 67).
Visites à Bagnères-de-Bigorre : Expo-environnement au CPIE, Muséum et conservatoire botanique, Musée du vieux moulin (arts et traditions populaires).

légende

- ▶ Signes distinctifs
- ● Habitat typique
- ▲ Migrateur

(Migrateur partiel : mouvement de population uniquement. L'espèce reste visible toute l'année).

- ✚ Période de présence dans la région

**Mammifères**

- Poids
- ↔ Longueur
- ↕ Hauteur

**Oiseaux**

- Poids
- ↔ Longueur
- ↕ Envergure

La longueur comprend, pour les mammifères et les oiseaux, la queue.

*Cygnus olor :* nom scientifique

# Le carnet du **naturaliste**

## Faune et flore pyrénéennes

H

# Grands **mammifères**

▸ Grande taille, corps massif, pelage variant du brun clair au brun foncé

● Très localisé aux zones montagneuses peu fréquentées de quelques vallées pyrénéennes

## Ours brun

RARE

*Ursus arctos*

En grand danger d'extinction, l'**ours des Pyrénées** n'a cessé de voir chuter ses effectifs. En France, ils se comptent presque sur les doigts de la main ! Cet imposant mammifère est l'un des derniers grands carnivores d'Europe. Sa nourriture est variée : des myrtilles aux charognes en passant par quelques isards, et parfois même des brebis. Ce qui lui a valu de tout temps les foudres des bergers. L'ours a été réintroduit dans deux vallées pyrénéennes durant ces dernières années mais déjà plusieurs individus ont été abattus par des braconniers. Dans les Hautes-Pyrénées, il est surtout présent par son passage (empreintes, crottes...). Quelques chanceux aperçoivent un ours de temps à autre mais les reliefs montagnards sont trompeurs ! Nombreux sont ainsi les randonneurs persuadés d'avoir vu un ours quand ce n'était qu'une marmotte !

▸ Chèvre sauvage aux cornes recourbées, tête barrée de bandes blanchâtres

● Montagne : éboulis et estives, forêt d'altitude

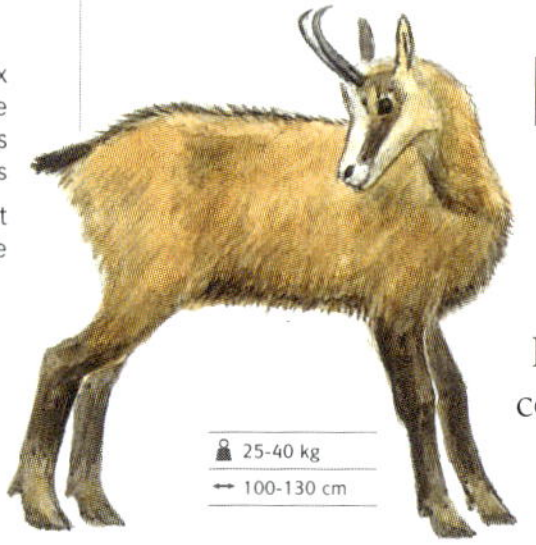


## Isard

*Rupicapra pyrenaica*

Les isards ne manquent pas de susciter l'admiration tant ils font preuve d'audace et d'adresse lorsqu'ils se déplacent parmi les rochers et les éboulis vertigineux. Ils évoluent le plus souvent en groupes, les "**chevrées**", composés de femelles et de jeunes. Les mâles sont plus discrets et plus solitaires, sauf au moment de la reproduction (mi-octobre à début janvier), époque à laquelle ils se mêlent aux femelles pour former des troupeaux mixtes. En hiver, vous les observerez souvent sur les versants sud, où la neige fond plus rapidement, ou bien dans les forêts où ils trouvent de la nourriture : mousses, lichens, jeunes pousses... En **été**, ils grimpent dans les alpages et stationnent parfois sur les névés (plaques de neige) pour se rafraîchir. L'isard est assez facile à observer dans les vallées du parc national, sans l'existence duquel il n'aurait peut-être pas survécu.

*Isard sur un névé*

# Cerf

*Cervus elaphus*

▸ Grand cervidé

● Grandes forêts avec clairières et taillis

Cerf

80-200 kg
↔ 170-230 cm

Biche

Faon

Le cerf est surtout présent dans la partie est des Hautes-Pyrénées, grâce à une réintroduction, dans les années 50, en vallée de Barousse, vallée de Nistos, val Louron et vallée d'Aure. La **harde**, composée de **biches** et de **faons**, arpente les mêmes chemins, ou **coulées**, lors des sorties crépusculaires ou matinales. Les jeunes mâles forment de petits groupes, les vieux en revanche sont solitaires. Seuls les mâles sont munis de **bois** (qui tombent à la fin de l'hiver). Du 15 septembre au 15 octobre environ, ils deviennent fous : ils ne mangent plus, **brament** à tout va et se battent entre eux. Le vainqueur de ces combats sera le mâle dominant et lui seul pourra obtenir les faveurs des femelles pour former son harem ! Trop chassé, le cerf avait disparu de la moitié sud de la France à la fin du XIXe siècle, mais il a été réintroduit avec succès dans les grands massifs.

*De gauche à droite : biche, daguet, bichette et biche*

*Cerf*

*Biche*

*La trace des gardes est parfois visible (comme sur l'empreinte de la biche ci-dessus)*

*Fumées*

### Le brame du cerf

Un cri rauque et mystérieux retentit puissamment dans la forêt : le cerf brame. C'est le rut. Du 15 septembre au 15 octobre environ, les mâles deviennent fous : ils ne mangent plus, ils brament à tout va et n'hésitent pas à se battre entre eux. Le vainqueur de ces combats sera le mâle dominant et lui seul pourra obtenir les faveurs des femelles pour former son harem ! Promenez-vous du crépuscule à l'aube dans les clairières des grandes forêts pour entendre le cerf bramer. Evitez toutefois de trop vous approcher.

# Chevreuil

*Capreolus capreolus*

15-30 kg
↔ 95-135 cm

▶ Petit cervidé à museau court marqué de noir ; en fuite grande tache claire sur le croupion (miroir)

● Alternance de forêts et de terrains dégagés. Présent jusque dans les estives à la belle saison.

*Pelage d'hiver*

*Chevreuil*

Gestes vifs, corps fin et allure élancée, le chevreuil est nettement plus petit que le cerf. Il est essentiellement solitaire même s'il lui arrive de former de petits groupes, surtout en hiver. Le **brocard** (chevreuil mâle) marque son territoire en frottant ses bois contre de jeunes arbres (frottis) ou en grattant la terre avec ses sabots (grattis).

Il perd chaque automne ses bois. Ceux-ci repoussent à partir de l'hiver et sont opérationnels pour la saison de reproduction (lutte entre les mâles), en été. La **chevrette** élève seule ses deux petits faons, ou chevrillards. Lorsqu'il est inquiet, le chevreuil émet une sorte d'**aboiement** qui rappelle celui du chien. Le crépuscule et l'aube sont des moments privilégiés pour l'observer brouter en lisière de forêt : le reste de la journée, il vit caché dans les bois ou, de plus en plus fréquemment, au milieu des champs.

# Sanglier *Sus scrofa*

60-150 kg
↔ 150-160 cm

▶ Corps massif et tête imposante

● Forêts, taillis, bois, marais. Présent jusqu'à 2000 m en estive.

*Adulte*

*Bête rousse*

*Marcassin*

*Marcassin*

*Sanglier*

Les sangliers vivent dans une **compagnie** dirigée par une femelle dominante. Les vieux mâles, eux, préfèrent la solitude. Essentiellement végétarien, quoique omnivore, le sanglier laboure la terre de son **groin** à la recherche des glands, des racines, des champignons… qui constituent sa nourriture. Son menu varie selon les saisons. Affamé, il peut causer des dégâts aux cultures. La **laie** (femelle du sanglier) construit un nid pour mettre au monde ses marcassins : le **chaudron**. Rien à voir avec celui de Panoramix ! C'est un amas de feuilles et de branches qu'elle a entassé et creusé. Les **marcassins** y restent quelques jours. Plus tard, et jusqu'à l'âge de six mois, le jeune sanglier s'appelle "bête rousse", puis à un an "bête noire". Contrairement à certaines croyances, le sanglier ne fait pas de grands déplacements : lorsqu'ils s'émancipent, les jeunes s'installent généralement à moins de 10 kilomètres de leur compagnie.

# Mouflon de Corse

*Ovis ammon*

▶ Mouton sauvage, grosses cornes incurvées chez le mâle

● Montagne

25-55 kg
110-130 cm

Les ancêtres du mouflon que nous connaissons actuellement ont été introduits en Corse à l'époque **néolithique**. Nous ne savons pas quel rapport les humains de cette époque entretenaient avec ces bêtes (étaient-ce des moutons domestiqués ?). Ce qui est sûr, c'est que les aïeux des mouflons actuels sont retournés à l'état sauvage. Récemment, l'homme a **introduit** le mouflon de Corse dans plusieurs autres régions européennes, pour des raisons essentiellement **cynégétiques** (chasse)... En Hautes-Pyrénées, c'est dans le massif du Pibeste (non loin d'Argelès-Gazost) que l'on trouve ces animaux. Le mâle possède des cornes pouvant mesurer jusqu'à 80 cm de long tandis que celles de la femelle sont très petites, voire inexistantes. Les femelles se déplacent en **hardes** restreintes que les mâles se disputent au moment du rut (vers novembre).

# Blaireau

*Meles meles*

▸ Massif, corps plutôt aplati, tête noir et blanc, dos gris

● Forêts, bois, prairies, haies…

*Blaireaux à la sortie du terrier.*

*Le blaireau dépose ses crottes dans un "pot", petit trou dans le sol, contrairement au renard, qui les pose en évidence au milieu des chemins*

10-20 kg
↔ 80-90 cm

Sous son air pataud, le blaireau cache un tempérament **vif** et nerveux. Classé dans la famille des mustélidés, il n'en a pourtant pas l'aspect. Grâce à ses puissantes pattes avant, le blaireau creuse des **terriers** où il demeure durant la journée. Vous pourrez facilement les reconnaître : les entrées des galeries, d'un diamètre d'au moins 25 centimètres, sont surmontées d'un tas de déblais ou d'herbes de litière ; des traces de pas sont parfois visibles. Souvent, les terriers sont regroupés en un même endroit appelé **village** car le blaireau vit en clan, généralement familial. Ses mœurs nocturnes en font un animal discret. Sa nourriture est variée : vers, charognes, insectes, rongeurs, fruits, etc. Les gazages systématiques pratiqués durant de nombreuses années (aujourd'hui interdits par la loi) ont fait nettement régresser les populations de ce sympathique mammifère. Myope, mais doté d'un **odorat** infaillible, le blaireau est difficile à surprendre. Pour l'observer, placez-vous près de son terrier avant la fin du jour, toujours face au vent, ou mieux, perchez-vous dans un arbre.

4-10 kg
↔ 120-140 cm

# Renard

*Vulpes vulpes*

▸ Semblable à un petit chien, pelage roux, longue queue touffue

● Fréquente toutes sortes de milieux. En montagne, on peut le voir pendant la journée.

Le renard est un prédateur opportuniste qui mange tout ce qui lui tombe sous la dent : campagnols, oiseaux, charognes, fruits, insectes, etc. Il lui arrive même de faire les poubelles lorsqu'il habite à proximité d'habitations. C'est au petit matin ou au crépuscule qu'il part en maraude mais on peut le surprendre la journée quand il élève ses petits ou quand il neige. Le renard loge dans des terriers qu'il creuse ou dans des cavités abandonnées. Il n'est pas rare de le voir habiter au milieu d'un village de blaireaux. Vous pourrez cependant reconnaître un terrier habité par un **goupil** : une odeur désagréable s'en dégage ! Souvent victime de la rage, l'espèce a été longtemps et inutilement **persécutée**. Aujourd'hui, les cas de rage sont rarissimes grâce aux campagnes de vaccination opérées depuis les années 80.

*Renardeau et renarde*

*Crotte*

*Trace*

# Petits **carnivores**

## Mustélidés

Les mustélidés sont de petits mammifères **carnivores** au corps allongé. La **belette** et l'**hermine** en sont les deux plus **petits** représentants. Toutes deux parviennent à se faufiler dans les galeries de campagnols. La **martre** et la **fouine**, plus grosses, se ressemblent beaucoup mais, si la martre est l'hôte des forêts (et en régression), la fouine préfère les villes et les villages. Le **putois** européen n'a rien à voir avec la célèbre mouflette des Etats-Unis, héroïne de nombreux dessins animés… Mais il peut lui aussi émettre une odeur nauséabonde lorsqu'il est blessé ou stressé. Ces animaux ont la **réputation** d'être sanguinaires, cruels et nuisibles, ce qui est faux. **Prédateurs** naturels des petits rongeurs, ils ont leur **rôle** dans l'équilibre naturel.

*La laissée des mustélidés est noueuse et en pointe*

**Martre**

*Martes martes*

800 g-1,6 kg
↔ 65-80 cm

▶ Bavette jaunâtre, museau noir

● Bois, forêts de feuillus ou de résineux

**Fouine**

*Martes foina*

1,3-2,1 kg
↔ 65-77 cm

▶ Bavette blanche et fourchue qui descend jusque sur les pattes de devant, truffe rose

● Généralement à proximité des habitations

**Hermine**

*Mustela erminea*

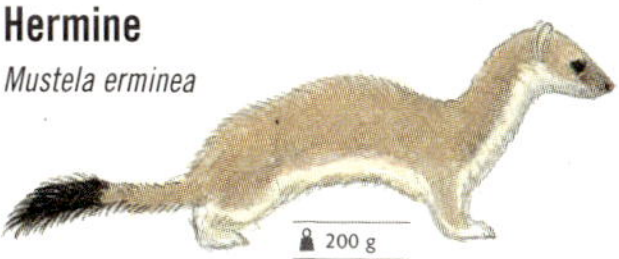

200 g
↔ 25-45 cm

*Pelage d'hiver*

▶ Ressemble à la belette sauf l'extrémité de sa queue qui est noire

● Haies, lisières, jardins, bois…

**Belette**

*Mustela nivalis*

40-130 g
↔ 17-27 cm

▶ A peine plus gros qu'un campagnol ! Plus petit carnivore d'Europe

● Parcs, prairies, jardins, forêts, haies, champs, friches…

# Genette

*Genetta genetta*

▶ Taille d'un chat, silhouette fine et allongée, longue queue annelée, pelage strié de taches foncées

● Bois sec, bocages, paysages escarpés, garrigues...

Aussi insaisissable qu'agile, la genette est appelée dans certains endroits "chat-martre". Ce surnom lui vient de son allure de chat et de son comportement semblable à celui d'une martre. Elle grimpe facilement aux arbres et s'y réfugie en cas de danger. Tous les jours, la genette se transforme en "acrobate" pour délimiter son territoire : elle fait le poirier pour laisser des traces odorantes ! Cette discrète cousine de la mangouste a souvent la manie de laisser ses crottes (souvent en forme de fer-à-cheval) au même endroit (appelé crottier).

↔ 47-60 cm

# Loutre

*Lutra lutra*

*Trace*

▶ Corps et tête fuselés, longue queue épaisse

● Rivières, ruisseaux, marais, lacs, canaux...

*Crottes ou épreintes*

6-17 kg

↔ 80-140 cm

Excellente nageuse, la loutre poursuit habilement les poissons sous l'eau, ou fouille les recoins des berges pour les débusquer. Rare et très menacée, elle fréquente les eaux pures, épargnées par la pollution. Au siècle dernier, la loutre était fréquente aux abords des rivières mais le piégeage intensif, la destruction de son habitat et la pollution ont réduit considérablement ses populations.

# Vison d'Europe

*Mustela lutreola*

500-900 g

↔ 45-55 cm

*Vison d'Amérique*

▶ Plus petit que la loutre, queue assez courte, pelage brun, lèvres et menton blancs, oreilles et pattes courtes

● Rivières, marais, étangs dans les zones boisées...

Le très rare vison d'Europe fait partie, avec l'ours brun et le lynx pardelle, des trois mammifères les plus menacés d'Europe. Principales raisons : le piégeage intensif dont il a été victime, notamment pour sa fourrure, mais aussi le déclin des zones humides. Il pâtit en outre de la concurrence de son cousin du Nouveau Monde, le vison d'Amérique (mustela vison). Ce dernier, qui avait été importé pour sa fourrure, s'est échappé des élevages et a colonisé les mêmes habitats que le vison d'Europe. Les deux espèces sont difficiles à différencier dans la nature.
Nocturne, le vison chasse les rongeurs, les grenouilles, les poissons et les crustacés. Il niche souvent dans des terriers empruntés à d'autres mammifères ou dans une cavité de fortune (arbres creux, tas de bois...).

# Lièvre

*Lepus europæus*

3-6 kg
↔ 50-85 cm

Le lièvre, plus grand que le lapin de garenne, ne creuse **aucun terrier**. Il gratte légèrement le sol et s'y tapit toute la journée. Son pelage couleur de terre lui offre un excellent camouflage : vous pourriez passer à quelques mètres de lui dans un champ sans même le voir et surtout sans qu'il bouge le moindre poil ! Habituellement **solitaires**, les lièvres se rassemblent au printemps pour le rut. Les mâles se transforment alors souvent en boxeur pour attirer l'attention des femelles…

▶ Longues oreilles aux extrémités noires, grandes pattes arrière

● Champs, prairies, forêts

*Crotte de lièvre*

# Lapin de garenne

*Oryctolagus cuniculus*

1,5-2,5 kg
↔ 40-50 cm

Sociable, le lapin vit en petit groupe dans des galeries qu'il creuse lui-même. Vous le verrez le plus souvent en plaine. L'ensemble de ses terriers forme une **garenne**. A proximité, vous trouverez sans difficulté le **pétouiller**. Ce nom évocateur désigne le crottoir collectif des lapins. Le lapin broute habituellement de l'herbe. Mais, lorsque l'hiver est rude et que la végétation se fait rare, il n'hésite pas à manger l'écorce des jeunes arbres, provoquant des dégâts dans les plantations et l'irritation des jardiniers. Il peut se reproduire 4 à 6 fois par an, avec 3 à 8 petits par portée, d'où sa réputation d'animal "chaud" et sa relative abondance. Vous pourrez l'observer en journée bien qu'il soit plus actif la nuit. Ses populations peuvent être décimées localement par deux maladies : la **myxomatose** et le **VHD**.

▶ Oreilles brun et rose ; en fuite queue blanche très voyante

● Lisières, landes et friches

# Ecureuil

*Sciurus vulgaris*

250-400 g
↔ 35-45 cm

Chaque automne, l'écureuil fait des **provisions** qu'il enterre ici et là. Mais il sera bien incapable de toutes les retrouver : il contribue ainsi à la dissémination des espèces. Presque exclusivement arboricole, l'écureuil fabrique des **nids** en forme de boule au creux des branches d'arbre, à partir de rameaux, de mousse et de feuilles mortes. Sa nourriture est essentiellement composée de fruits secs : cônes de pin, glands, noisettes, etc. En hiver, son joli pelage roux se remarque facilement au milieu des arbres privés de feuilles.

*Cône grignoté par un écureuil*

▶ Longue queue touffue, pinceaux de poils sur les oreilles, bon grimpeur

● Forêts, bois, parcs

*Pelage hivernal grisâtre*

# Rongeurs

▶ Rongeur de grande taille

● En plaine : étangs, rivières, lagunes, marais, etc.

## Ragondin *Myocastor coypus*

Originaire d'Amérique du Sud, le ragondin a été **importé** en France pour sa fourrure. Après s'être échappé des élevages, il ne s'est pas gêné pour coloniser la plupart de nos régions. **Aucun prédateur** indigène n'ayant pu l'arrêter, il a proliféré. Le myocastor (son autre nom) crée des dégâts dans de nombreuses berges à force d'y creuser des **terriers**, jusqu'à entraîner leur effondrement.

6-9 kg
65-105 cm

15-35 g
12-19 cm

Campagnol roussâtre

▶ Petits yeux, museau rond, oreilles courtes ; gris, ocre ou brun

● Forêts (roussâtre), cultures (des champs), cours d'eau (amphibie), éboulis (des neiges)...

## Campagnols

*(Microtus sp., Arvicola sp., Clethrionomys sp.)*

Les campagnols creusent des galeries sous terre et sont très friands de graines, de racines d'arbre... et de céréales cultivées par l'homme. Ils ont la capacité de se reproduire massivement lorsque la nourriture est abondante. Certaines années, d'importantes **pullulations** de campagnols voient ainsi le jour, attirant sans tarder tout un cortège de prédateurs – renards, belettes, buses, chouettes... – ravis de l'aubaine.

35-65 g
16-21 cm

Campagnol des neiges

80-270 g
18-35 cm

Campagnol terrestre

▶ Grandes oreilles et longue queue

● Habitations (souris), forêts, campagne, haies (mulot)

## Souris et mulots

*(Mus sp., Apodemus sp.)*

15-35 g
14-23 cm

Souris grise

Ils se ressemblent énormément. Les **souris** préfèrent la vie aux côtés des hommes tandis que les **mulots** sont davantage forestiers. Ces petits rongeurs se distinguent par leur incroyable capacité de **reproduction**. Imaginez qu'une souris grise peut se reproduire jusqu'à 10 fois dans une année. Sachant que chaque portée compte jusqu'à 8 petits qui, eux aussi, pourront se reproduire au bout de six semaines, faites le calcul... et cachez vos provisions !

Mulot

# Marmotte

*Marmota marmota*

Une ombre de rapace se dessine sur les pentes herbeuses. La marmotte aux aguets, **dressée** sur ses pattes arrières, émet des sifflements aigus pour alerter ses congénères… et la voici déjà rentrée dans son **terrier**. Celui-ci, généralement situé près d'un rocher, peut atteindre 3 m de profondeur et 10 m de long. Les marmottes vivent en petites colonies familiales et s'éloignent rarement de leur logis. Chaque clan délimite son **territoire** à l'aide d'odeurs perceptibles par les autres clans. **Méfiantes** à l'égard de leurs prédateurs naturels, les marmottes peuvent toutefois se laisser approcher, notamment dans les endroits où elle sont habituées à la présence des hommes.

▸ Fourrure grise et ocre bien fournie, queue touffue à pointe noire

● Entre 800 et 3000 m., estives, zones d'éboulis et de rochers…

### L'hibernation de la marmotte

La marmotte hiberne d'octobre à avril. A la fin de la belle saison, elle broute sans arrêt afin de constituer des réserves de graisse. Pendant le sommeil, tout est à l'économie : les réflexes sont supprimés et les battements du cœur peuvent tomber à cinq par minute ! Quand la réserve est épuisée, ou que le printemps est arrivé, la marmotte se réveille.

# Loir et Lérot

Son masque de cambrioleur lui donne une allure sympathique mais la vie **nocturne** du lérot vous donnera rarement l'occasion de l'admirer. Le **loir** gris, lui aussi nocturne, est un fameux grimpeur. Autrefois, les romains l'élevaient et l'engraissaient pour le manger… Si les fourmis laissent derrière elles des molécules chimiques qui permettent à leurs consœurs de les suivre, le **lérot** se distingue par une méthode personnelle : il s'enduit les pattes de gouttes d'urine qui serviront de traces odorantes. Le lérot et le loir **hibernent** en général d'octobre à avril-mai.

### Lérot

*Eliomys quercinus*

▸ "Masque de bandit", grandes oreilles, pinceau à l'extrémité de la queue

● Forêt, villages, vergers, jardins…

### Loir gris

*Glis glis*

▸ Sorte de petit écureuil gris, oreilles courtes, grands yeux noirs, queue touffue

● Forêts, vergers, cabanes, maisons…

▸ Dos hérissé de piquants

● Bois, bocages, parcs, forêts, prairies…

# Hérisson

*Erinaceus europæus*

Alors que le mammouth et le tigre à dents de sabre ont disparu depuis longtemps de la surface du globe, le hérisson, qui existait largement avant eux, a su **traverser** les millions d'années qui nous séparent de ces temps reculés. Son dos hérissé de près de **5 000 piquants** lui a facilité la tâche. Mais, aujourd'hui, le hérisson est confronté à un danger bien moderne : les roues des voitures… La disparition des haies et l'utilisation massive des insecticides ne lui sont pas favorables non plus. Nocturne, il déambule la nuit à la recherche de vers de terre et de divers insectes. La proximité des habitations ne lui fait pas peur et il aime chasser dans les pelouses rases des jardins. Il hiberne de novembre à mars.

0,5-1,2 kg
↔ 22-28 cm

▸ Pattes avant très développées, petits yeux

● Présente un peu partout dans les sols meubles

*Taupinière*

# Taupe

*Talpa europæa*

Véritable mineur de fond, la taupe est spécialement équipée pour vivre sous terre : ses pattes avant ressemblent à de petites **pelles** qui lui permettent de creuser tout un réseau de galeries. Malgré sa mauvaise vue ("myope comme une taupe" n'est pas une légende !), la taupe repère facilement sa principale nourriture : les **vers de terre**. Son ouïe fine et les tunnels souterrains qui font écho du moindre bruissement de lombric lui permettent de localiser avec précision ses proies.

100 g
↔ 14-20 cm

## Ne pas confondre

*Musaraigne*

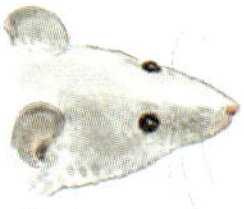

*Souris*

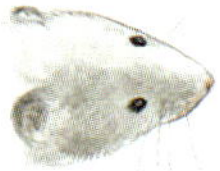

*Campagnol*

# Desman des Pyrenées

*Galemys pyrenaicus*

La trompe sans cesse en mouvement, le desman palpe de ses pattes et de son museau le fond des eaux pour y trouver sa nourriture favorite : les crevettes d'eau douce (les gammares). C'est aux abords des ruisseaux, canaux ou torrents limpides, et surtout propres, que le desman passe sa vie. **Nocturne**, il est très difficile à surprendre. Ses yeux sont tout petits (il ne faut pas s'en étonner : la taupe est sa plus proche cousine) mais il compense ce défaut par un sens tactile développé : ses pattes et ses moustaches le renseignent très précisément sur son environnement. Présent sur toute la façade nord des Pyrénées, le desman est malheureusement en régression.

▸ Drôle d'insectivore au museau se terminant en trompe aplatie, petits yeux, dessus brun foncé, dessous blanchâtre

● Torrents, eaux courantes claires, lacs pyrénéens entre 400 et 3000 m d'altitude…

50 à 80 g
↔ 11-13 cm

# Musaraignes

6-14 g
↔ 9-14 cm

*(Crocidura sp., Sorex sp., Neomys sp.)*

Il existe **de nombreuses espèces** de musaraignes. Derrière leurs allures de souris se cachent de redoutables prédateurs. Insectes, araignées, mollusques et autres mille-pattes font les frais de leur appétit. La plupart des musaraignes creusent des galeries et font des nids sous les arbres. En famille, les musaraignes forment une **caravane** pour se déplacer : chaque petit s'accroche à la queue de son prédécesseur, et le premier à la queue de la mère. Du fait de sa petite taille, la musaraigne est souvent la proie des carnivores mais son odeur **musquée** se révélant écœurante, elle est aussitôt recrachée. Il n'est pas rare ainsi de tomber sur un cadavre de musaraigne.

▸ Museau allongé et pointu, petites oreilles

● Habitat varié, à couvert végétal dense (herbes ou feuilles)

# Chauve-souris

Les chauve-souris les plus communes sont aussi les plus petites : les **pipistrelles**. A la nuit tombée, on les voit souvent chasser moucherons et papillons autour des réverbères. Elles peuvent dévorer en une soirée près de 30 % de leur poids en **insectes**. Des scientifiques ont calculé qu'une espèce cousine de la pipistrelle, le vespertilion de Daubenton, mangeait quelque 60 000 moustiques de mai à octobre ! Comme toutes les chauve-souris insectivores, la pipistrelle est équipée d'un système de radar à **écholocation** pour se diriger dans l'obscurité. Elle émet en effet des ultrasons qui sont renvoyés par les obstacles ou les proies (comme un écho). Les chauve-souris passent la journée cachées dans les arbres creux, des grottes, des greniers… et parfois derrière des volets. La destruction de leur milieu de vie et l'épandage de pesticides menacent de plus en plus ces fascinants animaux.

3,5-8 g
↔ 18-24 cm
↕ 3-6 cm

**Pipistrelle commune**

*Pipistrellus pipistrellus*

✚ Hiberne de novembre à mars

Héron en vol

**Héron cendré**

*Ardea cinerea*

▶ Bec, pattes et cou très longs, vole avec le cou replié

● Zones humides, marais, cours d'eau, étangs, régions montagneuses.

**Aigrette garzette**

*Egretta garzetta*

▶ Blanc, longues plumes pendantes derrière la tête en été

● Marais, estuaires, étangs

▲ Migrateur partiel

# GRANDS ÉCHASSIERS

Adulte

↔ 95 cm
↕ 185 cm

Immature

Le héron et l'aigrette parcourent les eaux peu profondes pour se nourrir. Le **héron cendré** (protégé depuis 1976) se nourrit de poissons qu'il pêche à l'affût, parfaitement immobile. A la vitesse de l'éclair, son cou se détend et son bec, en forme de poignard, transperce la pauvre victime. L'**aigrette garzette** procède de même, avec quelques cabrioles d'approche en plus. Le **bihoreau gris**, quant à lui, est un héron discret, qui se déplace surtout la nuit.

↔ 60 cm

Aigrette garzette

**Héron bihoreau gris**

*Nycticorax nycticorax*

▶ Petit oiseau, bleu et roux, au long bec

● Plaines : rivières et ruisseaux lents, étangs...

# Martin-pêcheur

*Alcedo atthis*

↔ 18 cm

Un sifflement perçant, un éclair bleu qui passe rapidement au ras de l'eau : le martin-pêcheur inspecte son territoire de chasse. Grand spécialiste de la pêche, il attend, immobile, sur une branche généralement basse et située au-dessus de l'eau. Au moindre scintillement, il plonge telle une flèche et capture le poisson qui s'est ainsi trahi. Le martin-pêcheur creuse des galeries dans les berges pour nicher. Celles-ci peuvent atteindre 1 mètre de profondeur !

Pêche

# GRÈBES

Hiver · Eté · Jeune

— 50 cm

Représentés le plus souvent sur les étangs par le **grèbe huppé** et le **grèbe castagneux**, les grèbes forcent l'admiration par leur élégance et leur formidable adaptation au milieu aquatique. Comme un sous-marin, ils disposent de poches dans le plumage qu'ils utilisent comme ballast. Leurs pattes, situées à l'arrière du corps, jouent le rôle d'hélice à propulsion : le grèbe peut ainsi atteindre sous l'eau la vitesse de 2 mètres par seconde ! Gare aux poissons imprudents… Les petits du grèbe, promenés sur le dos de l'adulte, semblent avoir la tête maquillée de rouge, de noir et de blanc. Plus petit et moins coloré que son cousin huppé, le **grèbe castagneux** chasse les insectes, les tritons, les grenouilles et les petits poissons.

Toilette · Parade nuptiale

Castagneux d'été

Castagneux d'hiver

**Grèbe huppé**
*Podiceps cristatus*
▶ Tête allongée, bec en forme de poignard, huppe et collerette bien apparentes seulement en été
● Lacs, étangs, rivières calmes, grands bassins…

**Grèbe castagneux**
*Tachybaptus ruficollis*
▶ Grèbe de petite taille (le plus petit des grèbes), plumage peu coloré
● Etangs, rivières, canaux…

# Foulque macroule

*Fulica atra*

Immature

Poussin

La foulque macroule est un oiseau étrangement adapté à la vie aquatique. Sa façon de courir sur l'eau, en cas de poursuite et d'envol, laisse apparaître ses énormes pattes, qui semblent disproportionnées. Sa technique de plongée sous-marine n'est pas très au point : la foulque est obligée de faire un petit bond au-dessus de l'eau pour prendre de l'élan avant de s'immerger… Observez-la, vous trouverez d'autres détails amusants.

— 38 cm

▶ Bec et plaque frontale blancs, corps noir
● Lacs, étangs, rivières, bassins de retenue d'eau…
▲ Migrateur

Combat

# Poule d'eau

*Gallinula chloropus*

— 33 cm

Comme sa cousine la foulque, la poule d'eau se sent chez elle dans les parcs publics ; elle se promène tranquillement sur les berges et même sur les pelouses ! La poule d'eau fabrique son **nid** au milieu des roseaux, à l'abri des regards indiscrets. En scrutant la végétation avec vos jumelles, vous pourrez peut-être observer les poussins au crâne d'un **rouge** intense. Cette couleur vive incite les parents à les nourrir et disparaîtra à mesure que les jeunes trouveront eux-mêmes leur nourriture.

Poussin

Immature

▶ Bec rouge à pointe jaune, queue bordée de blanc
● Mares, étangs, rivières avec végétation sur les berges

# Rapaces **diurnes**

▸ Longues ailes fortement digitées, en vol la tête et la queue semblent minuscules

● Gorges, cirques, montagne

## Vautour fauve

*Gyps fulvus*

Longtemps **persécuté** par ignorance, le vautour fauve est aujourd'hui protégé. Il niche peu dans les Hautes-Pyrénées mais y fait de fréquentes incursions l'été pour se mettre en quête de nourriture. Son régime alimentaire lui vaut cette drôle de morphologie : sa tête et son cou sont pourvus de petites plumes duveteuses et rases. Idéal pour trouver son repas dans les **entrailles** des charognes... Le vautour fauve est un grand "voilier". Dès les premières heures chaudes de la matinée, il prend son envol et passe la plus grande partie de la journée à planer en recherchant des cadavres d'animaux. Vous le verrez rarement battre des ailes. De nouveau accepté (et apprécié) dans nos montagnes, le vautour fauve voit ses effectifs augmenter sensiblement. C'est l'un des rapaces emblématiques des Pyrénées.

↕ 265 cm

▸ Grand, queue en losange, plumage contrasté

● Montagne

*Immature*

## Gypaète barbu

RARE

*Gypaetus barbatus*

Rapace le plus **rare** d'Europe, le bien nommé gypaète **barbu** (il a une "barbichette" sous le bec) fait l'objet d'un programme de protection. Son devenir reste néanmoins **incertain** dans les Pyrénées car ses populations sont faibles. C'est dans les Hautes-Pyrénées, où il est présent dans toutes les vallées, que vous aurez le plus de chances d'en voir. On l'appelle aussi le casseur d'os : il avale la chair mais surtout les **os** prélevés sur des carcasses abandonnées par d'autres charognards. Lorsqu'un os est de trop grosse taille, il l'emporte dans les airs pour le laisser choir sur des rochers. L'os ainsi brisé pourra être ingurgité ! Dans d'autres pays, il utilise la même astuce pour fracasser les carapaces de tortue. On raconte que le dramaturge grec Eschyle mourut assommé par une tortue tombée du ciel... Est-ce l'œuvre du gypaète ?

↔ 100-115 cm

↕ 250-285 cm

↕ 140-160 cm

# Percnoptère d'Egypte

*Neophron percnopterus*

Le percnoptère d'Egypte est le plus petit vautour d'Europe. Son image est abondamment représentée sur les monuments de l'ancienne Egypte (d'où son nom). **Charognard**, il n'hésite pas à varier ses menus en se nourrissant d'excréments de divers animaux (tous les goûts sont dans la nature) ! Le percnoptère visite couramment les dépotoirs en compagnie des milans, à la recherche de quelques immondices. Il niche généralement dans de hautes parois rocheuses. Ses populations sont en **diminution**.

▶ Plumage blanc, nuancé de taches brunâtres. face jaune. Queue en losange
● Colline, falaises rocheuses, vallées des montagnes.

# Aigle royal

*Aquila chrysaetos*

L'aigle royal a longtemps été **persécuté** par les hommes avant d'être protégé. Ses populations sont aujourd'hui en légère augmentation. Grand prédateur, l'aigle se nourrit parfois de charognes mais le plus souvent d'animaux qu'il capture : lagopède, lièvre, voire jeune isard ! Il **chasse** en rasant les versants des montagnes pour mieux surprendre ses proies. La parade nuptiale, à la fin de l'hiver, est spectaculaire : le mâle feint d'attaquer la femelle puis tout deux se laissent tomber en vrille.

↔ 75-88 cm
↕ 205-225 cm

▶ Grand aigle brun foncé, ailes fortement digitées, queue arrondie
● Montagne

# Buse variable

*Buteo buteo*

Plumage clair, sombre, intermédiaire… la buse variable porte bien son nom. **Commune**, vous l'observerez souvent perchée sur les poteaux ou les piquets. Elle **chasse** à l'affût essentiellement les petits rongeurs mais elle ne dédaigne pas les insectes, les serpents et les charognes. Ses larges ailes lui permettent de planer en dessinant de vastes cercles dans le ciel. La buse variable niche au sommet des grands arbres.

↔ 55 cm
↕ 120 cm

▶ Plumage très variable, queue arrondie en vol plané, ailes larges
● Lisières de forêts, maquis

# Milans

*Corneille harcelant un milan royal*

Le **milan noir** vole souvent au-dessus des plans d'eau à la recherche de **poissons** morts ou malades. Son régime alimentaire est surtout composé de charognes. Il n'hésite pas à se rapprocher des villes pour profiter de restaurants en plein air : les **dépotoirs** ! Le milan se transforme parfois en pirate de l'air pour ravir une proie à d'autres oiseaux (petits rapaces, hérons…). Ne le confondez pas avec son cousin, le **milan royal**, qui a le dessous des ailes claires et dont la queue forme un V plus marqué. Il s'alimente, comme son cousin, de manière assez opportuniste !

## Milan noir

*Milvus migrans*

▶ Plumage uniformément sombre, queue en triangle

● Vallées, souvent à proximité de l'eau

▲ Migrateur

✚ Mars-septembre

↔ 47-55 cm

↕ 140-175 cm

## Milan royal

*Milvus milvus*

▶ Longue queue fourchue, taches blanches sous les ailes bien visibles, tête grisâtre

● Régions vallonnées, paysages comprenant forets, cultures, prairies…

▲ Migrateur partiel

*Milan royal*

↔ 47-55 cm

↕ 140-175 cm

# Bondrée apivore

*Pernis apivorus*

▶ Plumage variable

● Forêts, bosquets

▲ Migrateur

✚ juillet-octobre

↔ 55 cm

↕ 130 cm

La bondrée apivore doit son nom à sa spécialité : déterrer les **nids d'insectes**, de guêpes, de bourdons et d'abeilles. Postée sur un arbre, elle surveille avec intérêt les allées et venues des insectes qui finiront par lui indiquer l'emplacement de leur nid. La bondrée se nourrit essentiellement de **larves** d'hyménoptères (abeilles, guêpes…) car elle se méfie des adultes et de leur dard venimeux… Vous l'observerez surtout en vol : elle ressemble beaucoup à la buse. Les barres sombres de la queue et sa petite tête vous permettront de l'identifier.

# Circaète Jean-le-Blanc

*Circaetus gallicus*

▶ Clair, longues ailes, le plus souvent tête sombre (variable), articulations des ailes toujours claires ("les poignets")

● Terrains rocailleux, secs et ensoleillés

▲ Migrateur

✚ Mars-octobre

Le circaète doit son nom à la pâleur de son plumage. Il s'est spécialisé dans la chasse aux **reptiles** : vipères, couleuvres, orvets et lézards de toutes sortes figurent à son menu. Il se laisse planer à la manière d'un cerf-volant jusqu'à ce qu'il repère sa proie. Le pauvre serpent ou lézard sera avalé tête la première. En hiver, l'absence de sa principale source d'alimentation pousse le circaète à **migrer** en Afrique tropicale.

↔ 62-67 cm

↕ 180-195 cm

# Faucons

Les faucons sont des petits rapaces fascinants. Le **faucon pélerin** est "Recordbird" de **vitesse** en piqué : il fond sur sa proie à la vitesse vertigineuse de 270 km/h ! Perché du haut de sa falaise, il surveille corneilles, pigeons, grives, limicoles... Qu'un oiseau semble malade et voici que le faucon pèlerin prend de l'altitude pour mieux piquer sur sa proie. Rare et menacé, il a bien failli disparaître, notamment à cause de **pesticides** comme le DDT (aujourd'hui interdit), qui provoquaient sa stérilité. Célèbre pour ses chasses spectaculaires, le **faucon hobereau** est particulièrement visible à la fin de l'été, aux alentours des étangs. Il s'y rend au crépuscule et sème la panique dans les dortoirs d'hirondelles. De folles courses-poursuites s'engagent. Il ajoute aussi souvent à son menu des libellules, de gros insectes et même des chauves-souris ! La **crécerelle** chasse les rongeurs, les petits passereaux et les insectes. Lorsqu'en été les fourmis ailées prennent leur envol par milliers, elle est au rendez-vous. Observez-la, les acrobaties auxquelles elle se livre pour capturer ces insectes ne vous décevront pas ! Son **vol sur place**, dit "vol en Saint-Esprit", est très caractéristique.

↔ 33 cm
↕ 90 cm

Pélerin

↔ 33 cm
↕ 90 cm

Hobereau

↔ 34 cm
↕ 75 cm

Crécerelle

### Faucon pèlerin

*Falco peregrinus*

▶ Dessous clair barré de sombre, ailes pointues, queue courte

● Parois rocheuses

Sous-espèce brookei : dessous roussâtre barré de sombre

### Faucon crécerelle

*Falco tinnunculus*

▶ En vol, allure de pigeon élancé

● Campagne cultivée, villages, milieux ouverts...

### Faucon hobereau

*Falco subbuteo*

▶ Longues ailes pointues, gris dessus, tâche rousse à la base des pattes

● Forêts, bosquets, marais

▲ Migrateur

✚ Avril-octobre

*Vol en "Saint-Esprit" du faucon crécerelle*

# Epervier d'Europe

*Accipiter nisus*

De son vol rapide et imprévisible, l'épervier rase les haies à la recherche de ses proies favorites : les **oiseaux**. Il se comporte parfois en véritable **kamikaze** lorsqu'il plonge à une allure folle dans des buissons épineux pour saisir un passereau. Sans doute emporté par son élan, il arrive qu'il s'éventre sur une branche ! Les femelles sont beaucoup plus grosses que les mâles. Les couples nichent dans de grands arbres et construisent parfois leur **aire** (nid de rapace) sur les fondations d'un vieux nid abandonné.

↔ 30-38 cm
↕ 60-80 cm

Femelle

▶ Longue queue barrée de noir, ailes courtes, poitrine et ventre striés, vol nerveux

● Campagne cultivée, forêts...

Mâle

# Rapaces **nocturnes**

## CHOUETTES ET HIBOUX

Vol silencieux, ouïe très fine, vue excellente malgré l'obscurité, les rapaces nocturnes sont parfaitement équipés pour chasser la nuit. Ils avalent leur proie "tout rond" mais leurs sucs digestifs ne sont pas assez puissants pour tout dissoudre. Chouettes et hiboux recrachent ainsi des **pelotes de rejection** qui contiennent tout ce qu'ils n'ont pu digérer : crânes, squelettes, poils, os, carapaces d'insectes, etc. De nombreuses légendes, totalement fausses, courent à leur sujet du fait de leur mœurs nocturnes.

Les jeunes, encore duveteux, tentent souvent trop tôt leur premier envol et atterrissent aux alentours du nid. Ne les ramassez pas ! Posez-les sur une branche tout au plus car les parents ne les ont pas abandonnés et continuent de les nourrir.

*Pelote de rejection*

▸ Ventre et face blancs ou orangés, masque facial en forme de cœur

● Villes, villages, clochers, vieux bâtiments, carrières

## Chouette effraie

*Tyto alba*

La **dame blanche**, c'est ainsi qu'elle est nommée parfois, a longtemps fait travailler l'imagination des hommes. D'autant qu'elle niche souvent, et bruyamment, dans les greniers et les clochers. Ses soufflements rauques sont à l'origine de nombreuses histoires de revenants dans les églises… Comme tous les rapaces nocturnes, l'effraie portait soi-disant malheur. Elle fut longtemps piégée et **clouée** sur les portes de grange ! De nos jours, la dame blanche est en régression : les vieux bâtiments disparaissent, les clochers sont grillagés et elle est souvent victime de la circulation routière.

Le hasard vous fera peut-être tomber sur la **chouette de Tengmalm**, rare mais présente dans les Pyrénées, qui se rencontre seule ou en couple.

↔ 35 cm

*Chouette de Tengmalm*

# Hibou grand-duc

RARE

*Bubo bubo*

**Rare** et localisé, le hibou grand-duc est aussi le plus grand des rapaces nocturnes d'Europe. Presque tous les oiseaux ou mammifères qu'il peut emporter dans ses serres figurent à son menu : rats, hérissons, lapins, corneilles, chouettes, hiboux et même chats et renardeaux ! Jadis répandu sur tout le territoire, le hibou grand-duc ne subsiste plus qu'en des **endroits reculés**. Le femelle pond dans des lieux inaccessibles (cavités rocheuses, falaises...). L'espèce, surtout en période de reproduction (janvier-août), est très sensible au dérangement : ne soyez pas trop curieux !

↔ 69 cm
↕ 160-180 cm
2,5 kg

▶ Hibou de très grande taille, longues aigrettes

● Falaises, milieux rocheux et escarpés...

# Chouette hulotte

*Strix aluco*

La chouette hulotte ne se laisse pas impressionner du fond de son arbre creux lorsqu'il s'agit de défendre sa progéniture : elle n'hésite pas à attaquer les intrus. Un photographe animalier s'est fait ainsi éborgner ! Son régime alimentaire est un peu plus varié que celui de ses cousines : elle y ajoute notamment de nombreux **passereaux**. La chouette hulotte repère les **dortoirs**, frappe sèchement une branche avec ses ailes pour effrayer les oiseaux. Profitant de la panique, il ne lui reste plus qu'à saisir un des malheureux volatiles. C'est elle que l'on entend le plus souvent hululer dans les bois.

↔ 38 cm

▶ Silhouette massive, yeux noirs, ventre strié, pas d'aigrette

● Forêts, parcs et même parcs urbains...

*Poussin non volant sorti du nid*

# Engoulevent d'Europe

*Caprimulgus europaeus*

↔ 28 cm

Espèce rare et localisée, l'engoulevent est difficile à surprendre. Son **plumage** reproduit fort habilement l'écorce des arbres sur laquelle il se pose habituellement. Il passe ainsi la journée en se fondant dans la végétation, perché dans le sens de la branche morte qui le supporte ou tapi au sol. **La nuit**, l'engoulevent **se nourrit** d'insectes volants qu'il pourchasse. Son chant, surprenant, évoque le bruit d'un petit moteur.

▶ Bec court, ailes et queue longues, tête aplatie, plumage mimétique

● Landes

▲ Migrateur

✚ Mai-septembre

# PIGEONS

**Pigeon ramier**
*Columba palumbus*
▸ Tache blanche sur le cou et bande blanche sur l'aile
● Forêts

La plupart des pigeons que vous observez en ville sont des pigeons domestiques, descendants du biset. Le pigeon biset sauvage est devenu rare : domestiqué très tôt, il fut utilisé comme pigeon voyageur. Le **pigeon ramier** fréquente aussi les villes mais il ne niche pas dans des bâtiments. Il est appelé palombe dans le Sud-Ouest. Les pigeons s'accommodent de peu pour faire un nid. Le plus souvent, il s'agit d'une simple plate-forme de brindilles sur laquelle ils déposent leurs œufs.

Jeune

*Vol nuptial*

*Pigeons domestiques*

# TOURTERELLES

**Tourterelle des bois**
*Streptopelia turtur*
▸ "Petit pigeon" plus "gracieux", dos et ailes roux, queue bordée de blanc
● Bois, forêts, taillis, haies…
▲ Migrateur
✚ Mai-septembre

**Tourterelle turque**
*Streptopelia decaocto*
▸ Couleur générale beige, barre noire sur la nuque
● Villes, villages, parcs (zone de piémont)

La tourterelle turque a colonisé l'Europe de l'Ouest depuis une cinquantaine d'années. Son expansion est une énigme de la nature. Elle s'est parfaitement adaptée et vit aujourd'hui au voisinage des habitations : vous n'aurez donc pas de mal à l'observer. La tourterelle des bois passe beaucoup plus inaperçue. Elle ne revient d'Afrique qu'à partir de mai. C'est en grands groupes qu'elle effectue ses vols migratoires. Ses effectifs ont été réduits par la chasse.

*Tourterelle des bois*

*Tourterelle turque*

# Coucou gris

*Cuculus canorus*

Le coucou doit son nom à son **chant** bien connu. En vol, sa silhouette rappelle celle d'un petit faucon. Ne cherchez pas son nid, il n'en fait pas : c'est un oiseau "**parasite**". A l'affût sous les feuillages, la femelle coucou repère le nid des petits passereaux (fauvettes, rousserolles, troglodytes, rougegorges…). Au moment propice, elle pond un œuf parmi ceux du légitime propriétaire. Le jeune coucou sort de sa coquille avant les autres et se met à l'ouvrage : il jette les œufs en dehors du nid ! Malgré sa taille disproportionnée, l'imposteur se fera nourrir par ses parents d'adoption. Dernière étrangeté : le jeune coucou trouve seul le chemin de l'Afrique lors de sa migration.

- ▶ Longue queue, ailes pointues, gris (femelle parfois rousse)
- ● Forêts, bocages, marais…)
- ▲ Migrateur
- ✚ Mars-septembre

# Huppe fasciée

*Upupa epops*

La belle huppe fasciée sonde et **pioche** le sol de son bec pour attraper les larves, les vers et les insectes qui s'y cachent. Elle recherche sa nourriture uniquement à terre, dans les sols meubles. Elle fouille souvent dans les bouses de vache pour déloger les vermisseaux. Son plumage **bariolé**, visible lorsqu'elle étale vivement ses ailes, lui permet de déconcerter les prédateurs éventuels (éperviers). Sa **huppe** est composée de plumes érectiles qui se déploient ou se rabattent à volonté. Elle niche dans des arbres creux ou dans des cavités de vieux murs.

- ▶ Long bec recourbé, grande huppe orange sur la tête, ailes zébrées de bandes blanches et noires
- ● Paysages ouverts, vergers, boqueteaux, parcs… (zone de piémont)
- ▲ Migrateur
- ✚ Mars-septembre

# Alouette des champs

*Alauda arvensis*

Un **chant** résonne haut dans le ciel, puissant, interminable… Vous l'entendez sans réussir à distinguer qui en est l'auteur. Persistez ! Ce petit point noir tout là-haut n'est autre que l'alouette des champs, qui, durant presque toute la belle saison, chante sans jamais se lasser. Pourtant, l'alouette niche, dort et chasse au sol. Sa nourriture est composée d'insectes et de graines qu'elle trouve en trottant dans les champs.
Ne la confondez pas avec l'**alouette lulu**, au chant mélancolique, qui préfère les zones parsemées d'arbres – friches, landes, clairières – plutôt que les champs cultivés.

*Alouette lulu*

*Vol chanté*

- ▶ Un peu plus gros qu'un moineau, plumage terne moucheté de brun, légère huppe
- ● Champs, prairies…

**Hirondelle de fenêtre**

*Delichon urbica*

▶ Queue légèrement échancrée. Bicolore, croupion blanc

● Villes, villages, campagne

▲ Migrateur

✚ Avril-octobre

**Hirondelle rustique**

*Hirundo rustica*

▶ Queue longue et fourchue

● Villages, campagne

▲ Migrateur

✚ Mars-octobre

**Hirondelle des rochers**

*Hirundo rupestris*

▶ Brun-gris, gorge grise, ventre pâle

● Falaises, gorges encaissées

**Hirondelle de rivage**

*Riparia riparia*

▶ Beige et blanche

● Plaine

▲ Migrateur

✚ Mars-octobre

Fenêtre

Rustique

# HIRONDELLES

D'où vient leur nom ? L'**hirondelle de fenêtre** niche souvent contre les maisons, sous les toits et les *fenêtres*. L'**hirondelle rustique** niche sur des poutres, à l'intérieur des bâtiments, mais seulement à la campagne. Leur cousine **des rochers** niche à proximité des falaises et des escarpements rocheux. L'hirondelle rustique, avec sa queue échancrée typique, est la plus visible : elle se nourrit d'insectes proches du sol. Sa population est en déclin à cause des insecticides. L'hirondelle de fenêtre cherche plutôt dans le ciel sa nourriture. Lorsqu'il fait humide mais aussi par temps froid, les insectes sont près du sol… et les hirondelles suivent. D'où la croyance populaire : "Quand les hirondelles volent bas, il va pleuvoir."

▶ Petite boule de plumes à la courte queue relevée et au bec effilé

● Forêts, jardins, buissons, haies…

# Troglodyte mignon

*Troglodytes troglodytes*

Facilement reconnaissable à sa silhouette ronde et à sa petite **queue dressée**, le minuscule troglodyte ne pèse que 9 grammes. Il se faufile partout, inspectant le moindre recoin pour trouver sa pitance : araignée, insecte, cloporte… Regardez-le se glisser dans les tas de bois et au plus profond des taillis : une vraie souris ! D'autant que le troglodyte n'hésite pas à se rapprocher des maisons. Vous pouvez le surprendre en train d'inspecter vos rebords de fenêtre.

# Pipits

*Anthus trivialis (pipit des arbres)*
*Anthus Spinoletta (pipit spioncelle)*

*Vol en parachute*

Il existe diverses espèces de pipit dont les plus communes sont le **pipit des arbres** et le **pipit farlouse**. Tous deux adoptent une technique de vol originale pour marquer leur territoire… Du haut d'un perchoir ou après avoir pris un peu d'altitude, le pipit se laisse tomber puis, tout en chantant, il ouvre ses ailes et tournoie comme un **parachute** jusqu'au sol. Et la scène recommence. En l'écoutant, vous comprendrez mieux pourquoi il est nommé pipit.

Le **pipit spioncelle** est un oiseau nicheur dans les Pyrénées. Il affectionne les terrains humides, sans arbres (alpages, marais d'altitude). Il vit en montagne l'été, entre 1000 et 2700 m, mais se déplace en hiver vers les prairies humides et les littoraux.

*Pipit spioncelle*

*Pipit des arbres*

### Pipit des arbres

*Anthus trivialis*

▶ Bec effilé, allure d'une bergeronnette massive à la queue
un peu plus courte, plumage moucheté

● Lisières de forêts, clairières, zones ouvertes parsemées d'arbres

### Pipit spioncelle

*Anthus spinoletta*

▶ Sourcils blancs marqués, dessous clair teinté de rose en été, légèrement strié en hiver

● Alpages, proximité des torrents en été, plaines, bords de lacs en hiver

▲ Migrateur partiel

# Accenteurs

L'accenteur mouchet est un oiseau assez **commun** qui est parfois confondu avec une fauvette ou encore avec un moineau. Discret, il se faufile au plus profond des buissons. Vous pourrez l'observer plus facilement en installant chez vous un petit **poste de nourrissage** en hiver. Au sol, parmi les dizaines de moineaux, il ne tardera pas à faire son apparition.

Il existe une espèce spécifique à la montagne : l'**accenteur alpin**. Il évolue entre 2 000 et 3 000 m, plus bas l'automne et l'hiver. Insectivore, comme en témoigne son bec fin, il se contente parfois de baies et de graines l'hiver. Il préfère nicher et évoluer dans les prairies parsemées de rochers et de buissons ainsi que sur les éboulis. Vous l'observerez à terre ou perché sur un rocher.

### Accenteur mouchet

*Prunella modularis*

▶ Bec fin, plumage terne, tête, gorge et ventre gris

● Jardins, haies, parcs, bois, taillis…

### Accenteur alpin

*Prunella collaris*

▶ Bec fin, bande foncée sur l'aile, bavette claire striée de sombre, taches rousses sur les flancs, plumage d'aspect gris-brun

● Pelouses d'altitude, au-dessus de la limite des forêts montagnardes

▲ Migrateur partiel

# Bergeronnettes

**Bergeronnette grise**
*Motacilla alba*
▸ Passereau blanc, noir et gris (les motifs varient)
● Souvent à proximité de l'eau, bâtiments...

**Bergeronnette des ruisseaux**
*Motacilla cinerea*
▸ Tête et dos gris, ventre jaune
● Ruisseaux, rivières, bords de l'eau

**Bergeronnette printanière**
*Motacilla flava*
▸ Dos est jaune-verdâtre
● Prairies humides, landes, marais...
▲ Migrateur
✚ Mars-octobre

*Jeune*

*Mâle au printemps*

*Hiver*

*Femelle*

## Cincle plongeur

*Cinclus cinclus*

▸ Bec effilé, corps "rond", queue courte et relevée, grande bavette blanche, plumage général brun
● Bordures des ruisseaux, torrents, rivières rapides et claires

Excellent **nageur**, le cincle passe sa vie en bordure des cours d'eau rapides (et limpides). Il se nourrit de divers insectes et larves aquatiques qu'il déniche en plongeant dans le courant. Le merle d'eau (son autre nom) peut même **marcher** au fond de l'eau, à contre-courant, pour picorer les larves qui se trouvent sur ou sous les pierres. Vous l'observerez sans doute posé sur un caillou au milieu de la rivière. La dégradation de la qualité de l'eau, son milieu de prédilection, fait peser une menace sur le cincle.

## Rossignol philomèle

*Luscinia megarhynchos*

▸ Bec et corps effilés, plumage brun-roux
● Haies, parcs, bois touffus...
▲ Migrateur
✚ Avril-septembre

Son **chant**, très réputé a fait du rossignol une vedette de la littérature. Il faut dire que ses compositions, de jour comme de **nuit**, sont d'une virtuosité sans égal dans le monde des oiseaux.

# Rouge-gorge

*Erithacus rubecula*

C'est en **automne** et en **hiver** que le rougegorge n'hésite pas à se montrer. A la belle saison, c'est un oiseau très discret, et rares sont ceux qui le surprennent. Sous son joli minois, le rougegorge cache un tempérament colérique. Il garde son territoire avec attention. Gare à l'intrus car le rougegorge voit… rouge. Peu sociable, il chasse et intimide généralement tout autre rouge-gorge qu'il

*Jeune*

↔ 14 cm

▶ Taille d'une mésange, bavette rouge-orangé, corps rond

● Forêts, parcs, jardins, haies

*Posture territoriale*

# Rouges-queues

↔ 14 cm

*Rouge-queue noir femelle*

*Poursuite*

*Rouge-queue noir mâle*

*Rouge-queue à front blanc mâle*

↔ 14 cm

*Rouge-queue à front blanc femelle*

## Rouge-queue noir

*Phœnicurus ochruros*

▶ Bec fin, plumage noirâtre ou grisâtre, queue rousse (souvent en mouvement)

● Villes, villages, bâtiments, vieux mûrs

▲ Migrateur partiel

## Rouge-queue à front blanc

*Phœnicurus phœnicurus*

▶ Poitrine rousse, très délavée chez la femelle ; souvent au sol

● Parcs, jardins, lisières, forêts claires

▲ Migrateur

✚ Avril-octobre

# Traquet motteux

*Œnanthe œnanthe*

Le **traquet motteux**, ainsi nommé parce qu'en plaine il aime faire des haltes sur les grosses mottes de terre des champs labourés, est dans les Pyrénées un oiseau typique des éboulis et des chaos rocheux. Vous l'observerez sans doute, à l'étage alpin, posé sur de gros blocs. Il niche au sol, voire sous terre, dans une **cavité** : sous des rochers, dans un tas de bois ou de pierres, dans des terriers abandonnés, etc.

▶ Masque de "bandit" noir, queue blanche marquée d'un "T" noir à l'envers

● Zones pierreuses, prairies sèches, friches, landes, éboulis, cultures…

*Femelle ou plumage d'automne*

↔ 14,5 cm

*Mâle*

# Merle noir

*Turdus merula*

Le merle, insectivore très commun, n'hésite pas à s'approcher des habitations. Il se nourrit au sol en sautillant et en fouillant les feuilles mortes. Lorsqu'il **gratte** la litière avec ses pattes, il fait un vacarme surprenant pour un oiseau de cette taille : on a l'impression d'entendre un grand mammifère détaler dans la haie ! Malgré son penchant pour les vers et les insectes, le merle mange aussi des fruits : pommes, poires tombées à terre, etc. C'est un excellent **chanteur**. Son cousin, le **merle à plastron**, est montagnard.

▸ Bec effilé et jaune chez le mâle, plumage entièrement noir (mâle), brun terne chez la femelle

● Forêts, parcs, jardins…

## Merle à plastron

*Turdus torquatus*

▸ Mâle avec une bande blanche sur la poitrine, femelle moins contrastée

● Forêts d'altitude (conifères), tourbières, landes…

▲ Migrateur

✚ Mars-novembre

# Monticole de roche

*Monticola saxatilis*

Le monticole de roche, ou merle de roche, est un oiseau **farouche**. Il parcourt les versants caillouteux en sautant de part et d'autres pour capturer des **insectes** (criquets, mouches…). A la moindre alerte, il disparaît comme par enchantement ! Les couleurs vives du mâle ne l'empêchent pas de passer inaperçu dans le paysage. La femelle, très discrète, construit généralement le nid dans une anfractuosité de rocher.

▸ Mâle coloré, femelle mouchetée, queue rousse (mâle et femelle)

● Pelouses d'altitude essentiellement rocailleuses ou dénudées

▲ Migrateur

✚ Mars-octobre

# Tarier pâtre

*Saxicola torquata*

Ne confondez pas le **tarier pâtre** avec son cousin des prés qui a des sourcils blancs. C'est en vous baladant le long des prairies et des pâtures que vous aurez le loisir de l'observer. Lui aussi adore les **perchoirs dominants** d'où il peut surveiller son territoire et ses proies. Début avril, il devient très discret car la ponte a commencé. Le nid, construit par la femelle, est souvent placé sur un talus, abrité par des herbes folles.

▸ Sombre, poitrine rousse et tache sur l'aile

● Prairies, haies, chemins…

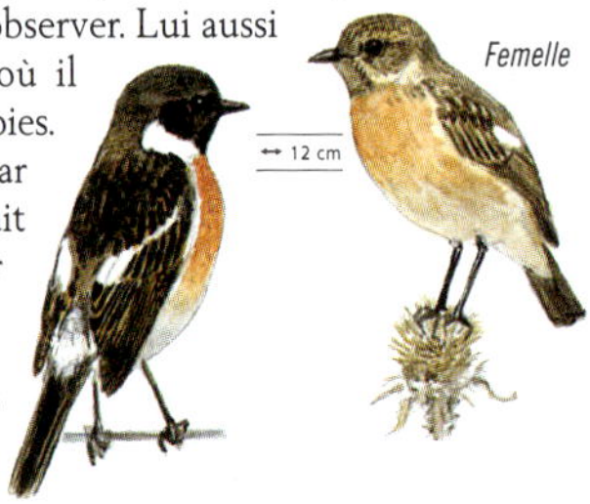

# Lagopède alpin des Pyrénées

*Lagopus mutus*

Trois ou quatre fois dans l'année, le **plumage** du lagopède alpin change de couleur pour se fondre dans son milieu : d'un blanc pur en hiver, il devient plutôt gris-brun en été et gris cendre à l'automne. C'est un oiseau d'altitude : ses pattes sont recouvertes d'un duvet qui permet de marcher aisément dans la neige. Parfois appelé perdrix des neiges, le lagopède laisse derrière lui des **traces** ressemblant à celles du lièvre, d'où son nom qui signifie "pied de lièvre".

↔ 35 cm

*Mâle hiver*

*Mâle été*

▶ Pattes recouvertes de duvets, plumage blanc en hiver, dessus brun strié en été, ailes blanches

● Haute montagne, estive, éboulis, 1800 à 3000 m.

# Grand tétras

RARE

*Tetrao urogallus*

On le nomme aussi **grand coq de bruyère**. **Très rare**, le grand tétras est extrêmement sensible aux dérangements et aux modifications de son milieu. Ses populations sont en nette régression depuis plus d'un siècle. Au printemps, les mâles se rassemblent pour parader sur des places de chants. Ils étalent leur queue en éventail et émettent des bruits bizarres : comme si l'on ouvrait des bouteilles de vin... Les grands tétras se nourrissent essentiellement d'**aiguilles de sapins** ou de pins et de **bourgeons de hêtres**. Au petit matin, il leur arrive souvent de picorer les graviers des chemins forestiers pour faciliter leur digestion.

*Femelle en vol*

5 kg

↔ 60-85 cm

▶ Mâle : plumage sombre, poitrine à reflets métalliques, cou long et épais, longue queue ; femelle : plumage brun ocre moucheté, croissant roux sur la poitrine, queue brun roux

● Forêts de montagne composées principalement de pins et de sapins

# Grimpereau des jardins

*Certhia brachydactyla*

Vous reconnaîtrez le grimpereau à son comportement typique. Il **grimpe** le long des arbres en partant de leur base et en **tournant** autour du tronc. Ce faisant, il fouille l'écorce pour trouver quelques invertébrés à se mettre dans le bec. Ses allures de petit pic, son plumage couleur tronc, son bec fin et recourbé capable de déloger le moindre insecte, tous ces "équipements" font du grimpereau un oiseau parfaitement adapté à son mode de vie arboricole.

↔ 13 cm

▶ Long bec fin et recourbé, allure typique (ou de «p'tit pic»), plumage terne, poitrine et ventre blanc et beige

● Forêts de feuillus, parcs, vergers, jardins...

# GRIVES

**Grive draine**

*Turdus viscivorus*

- ▶ Grande grive beige élancée, cris roulés râpeux
- ● Vergers, plantations de peupliers, parcs, bois, taillis…

**Grive musicienne**

*Turdus philomelos*

- ▶ Petite grive, souvent rondelette, chante bien en vue
- ● Parcs, bois, haies…

*Grive draine*

*Grive musicienne*

# Pouillot véloce

*Phylloscopus collybita*

- ▶ Taille d'une mésange, bec effilé, sourcils foncés
- ● Forêts, parcs, haies, taillis
- ▲ Migrateurs
- ✚ Mars-octobre

Les pouillots sont de petits insectivores brun-vert, plus faciles à reconnaître au chant qu'au plumage. Le **pouillot véloce** est parfois appelé **compteur d'écus** car son chant monotone, souvent en deux notes, évoque le bruit des pièces que l'on compte. Son nid, en forme de boule, est situé assez bas dans les buissons. Le **pouillot ibérique** est depuis peu considéré comme une espèce à part entière. Il faut être expert pour le différencier car seul son chant diffère.

*Pouillot véloce*

Attention ! Selon son attitude (entretien du plumage…) et la période de l'année (parade nuptiale, hiver, nourrissage des jeunes), l'apparence de l'oiseau peut varier considérablement.

*Rougegorge au plumage usé et sale (nourrissage des jeunes)*

*Rougegorge au plumage neuf gonflé (hiver)*

*Merle noir prenant un bain de soleil*

*Moineau domestique prenant un bain de poussière*

# FAUVETTES

*Sylvia atricapilla*

**Fauvette à tête noire**

*Sylvia atricapilla*

- ▶ Bec effilé et corps élancé (comme toutes les fauvettes), teinte terne excepté le dessus de la tête noir ou roux
- ● Taillis, parcs, jardins, haies denses
- ▲ Migrateur partiel

*Fauvette à tête noire femelle*

*Fauvette à tête noire mâle*

*Fauvette pitchou*

# Pics

Grâce à leur **bec** puissant, les pics creusent des cavités profondes dans les troncs d'arbre puis délogent les larves à l'aide de leur longue **langue**. Tous tambourinent les arbres au printemps pour délimiter leur territoire. En hiver, le **pic épeiche** choisit des **forges**, sortes d'ateliers où il coince les pommes de pin pour en extraire les graines. Le **pic vert** n'hésite pas à éventrer les fourmilières tandis que le grand **pic noir** hache menu les souches ou les troncs tombés à terre. Le tout petit **pic épeichette**, lui, préfère explorer les fines branches. Il se rend souvent dans les roselières en hiver pour manger les larves qui se cachent à l'intérieur des tiges de roseaux. En Hautes-Pyrénées, on peut voir en outre deux espèces : le **pic cendré** et, exceptionnellement, le **pic à dos blanc**.

## Pic épeichette

*Dendrocopos minor*

▸ Petit pic de la taille d'un moineau, bonnet rouge ou clair, dos barré de blanc

● Forêts, parcs, vergers, grandes haies notamment au bord de l'eau

## Pic épeiche

*Dendrocopos major*

▸ Bonnet noir, derrière de la tête rouge (mâle), bas-ventre rouge

● Forêts, parcs

## Pic vert

*Picus viridis*

▸ Grand pic au plumage vert (ventre cendré), bonnet rouge, œil masqué de noir

● Vergers, parcs, forêts claires…

## Pic noir

*Dryocopus martius*

▸ Très grand pic, plumage noir, taille d'un corbeau, bonnet rouge sur la tête

● Forêts de feuillus et de conifères

# Sittelle torchepot

*Sitta europaea*

Son nom curieux lui vient de l'habitude qu'elle a de rétrécir avec de la boue séchée, ou torchis, l'entrée des trous où elle niche, afin d'en interdire l'accès aux prédateurs. Elle est si agile qu'elle peut travailler la tête en bas ! Quand les insectes se font rares, elle coince des graines dans l'écorce afin de les ouvrir à coups de bec. Ces ateliers sont appelées "forges".

▸ Taille d'une mésange, tête aplatie, queue courte, pattes robustes

● Forêts de feuillus, parcs, toute l'année

# Corvidés

*Corneille harcelant un milan royal*

La famille des corvidés – corbeau, corneille, pie, choucas, geai… – est étonnante par sa **faculté d'adaptation**. Omnivores, les corvidés mangent aussi bien des graines que des insectes, des œufs qu'ils pillent dans les nids (vous verrez souvent de petits passereaux houspiller des corneilles) que des charognes… Mais surtout, peu d'obstacles les arrêtent : ils ont du culot, de l'imagination, en un mot ils sont débrouillards.

## Corneille noire

*Corvus corone*

▸ Long bec puissant, plumage entièrement noir

● Presque partout

*La corneille casse les noix et les coquillages en les lançant en vol sur des surfaces dures*

Comme la plupart des corvidés, la corneille noire semble être beaucoup plus évoluée que les autres oiseaux. Elle résout elle-même de nombreux problèmes : une coquille de noix est trop dure pour être brisée ? Elle la lâche en vol sur des rochers ou une route pour qu'elle éclate. Sa faculté d'adaptation lui permet de profiter des **activités humaines** et de maintenir ses populations. L'agriculture lui offre grains et fruits tandis que la circulation routière laisse derrière un cortège d'animaux écrasés que la corneille dévore. Ultime caractéristique : le mâle et la femelle sont unis pour la vie.

## Grand corbeau

*Corvus corax*

▸ Plus gros qu'une buse, bec massif, plumage entièrement noir

● Zones escarpées et boisées, montagnes… Très présent en Hautes-Pyrénées.

Le **grand corbeau**, plus grand corvidé du monde, est plutôt solitaire (adultes surtout). Ses acrobaties aériennes sont vraiment impressionnantes : vrilles, piqués, loopings… il peut même voler sur le dos ! Comme d'autres corvidés, le grand corbeau surveille volontiers les touristes pour voir ce qu'ils laissent derrière eux.

## Chocard à bec jaune

*Pyrrhocorax graculus*

▸ Noir, taille d'un pigeon, bec jaune, pattes rouges

● Montagnes, rochers.

*Groupe tournoyant*

Habitués de la **haute montagne** (de 1500 à 3900 m), les chocards tourbillonnent en grand nombre dans le ciel et se livrent à mille **acrobaties** aériennes. Ils n'hésitent pas en été à s'approcher avec audace des pique-niqueurs et, en hiver, à descendre dans les vallées pour trouver leur pitance parmi… les poubelles.

## Pie bavarde

*Pica pica*

Son autre nom, la **pie voleuse**, lui vient de la manie qu'elle a de garnir son nid d'objets brillants : emballage de chewing-gum, morceau de verre… Perché au sommet d'un arbre, son nid de rameaux, en forme de boule, est composé d'une coupe et d'un toit sommaires. Ne le confondez pas avec le nid compact et opaque de l'écureuil. Comme tous les corvidés, la pie se nourrit de (presque) tout ce qui lui tombe sous le bec : insectes, fruits, œufs, etc. Ses habitudes sonores, des **jacassements** rauques à toutes les occasions, ont donné naissance à l'expression "bavard comme une pie".

*Nid dans un peuplier*

- Bec massif, plumage noir et blanc, longue queue noire aux reflets vert métallique
- Villes, villages, parcs, jardins…

## Geai des chênes

*Garrulus glandarius*

Son appétit pour les **glands** lui a valu son nom de geai des chênes bien qu'il se nourrisse d'autres denrées. Au printemps, il sème la panique chez les petits passereaux en détroussant les nids de leurs **œufs** et de leurs oisillons. Comme l'écureuil, le geai fait des réserves pour l'hiver, dans des endroits qu'il prend soin de repérer pour les retrouver le moment venu. Les glands sont ainsi enterrés méthodiquement. Parfois, quelques cachettes sont tout de même oubliées et les glands finissent par germer. Sa huppe se hérisse lorsqu'il est inquiété ou excité. Par son **cri d'alarme** bruyant, le geai joue le rôle d'avertisseur sonore pour le reste des habitants de la forêt.

- Bec massif, queue noire, croupion blanc, bande bleu ciel sur les ailes
- Forêts, parcs…

# BRUANTS

*Bruant jaune mâle*

*Bruant zizi mâle*

*Bruant fou*

*Bruant des roseaux femelle ou plumage en automne-hiver*

*Bruant proyer*

### Bruant jaune

*Emberiza citrinella*

- Bec court et conique, tête et ventre jaunes (mâle), croupion roux
- Bosquets, champs, bocages, lisières

### Bruant fou

*Emberiza cia*

- Tête rayée de trois bandes sombres, croupion roux, corps brun roux (mâle)
- Éboulis parsemés de buissons, pentes rocailleuses ensoleillées…

# Roitelets

**Roitelet huppé**

*Regulus regulus*

▶ Oiseau minuscule, bande jaune aux liserés noirs sur la tête

● Forêts de conifères et mixtes, parcs avec conifères

**Roitelet triple-bandeau**

*Regulus ignicapillus*

▶ Bandes blanches (sourcils), noires et jaunes sur la tête

● Forêts de feuillus, de conifères ou mixtes, parcs

Prenez une pièce de monnaie dans votre main, et vous aurez une idée du **poids** des roitelets ! Pesant entre 4,5 et 6 grammes, ils sont les oiseaux les plus légers d'Europe. Ces petites boules de plumes peuvent se laisser approcher à quelques mètres s'ils se sentent en sécurité au milieu des buissons. N'hésitez pas à inspecter le "béton végétal" que forment les haies de thuyas, le roitelet triple-bandeau s'y balade couramment (c'est l'un des rares oiseaux à apprécier le thuya). Observez-le attentivement : lorsqu'il est excité, sa petite bande jaune sur la tête se hérisse et se transforme en courte **huppe**.

↔ 9 cm

*Roitelet huppé*

↔ 9 cm

*Roitelet triple-bandeau*

# Niverolle des Alpes

*Montifringilla nivalis*

▶ Bec épais, tête grise, grande tache blanche sur l'aile

● Haute montagne, généralement au-dessus de 2000 mètres

↔ 18 cm

Souvent posée sur le **sol**, la niverolle picore çà et là quelques graines. Vous l'observerez généralement en petit groupe au milieu des pelouses caillouteuses de haute altitude. Peu farouche, ce moineau des montagnes se laisse facilement observer et s'approche volontiers des stations de ski en hiver. Dès février, le mâle recherche une **cavité** susceptible d'accueillir le nid puis il s'y installe et se met à chanter. La femelle suivra si le trou lui convient.

# Moineaux

**Moineau domestique**

*Passer domesticus*

▶ Bec et corps massifs, bonnet gris bordé de marron, gorge noire (mâle), femelle terne, gorge et ventre unis et clair

● Villes, villages, habitations…

**Moineau friquet**

*Passer montanus*

▶ Bonnet marron, virgule noire sur la joue

● Bocages, parcs, jardins, vergers, haies, villages

Les moineaux ont toujours su tirer parti des **activités humaines**. Dans les villes ou dans les champs, la nourriture abonde pour le **moineau domestique** comme pour le **moineau friquet**. Ils se nourrissent essentiellement de graines et d'autres matières végétales. Mais il leur arrive de capturer de gros coléoptères et même des lézards des murailles ! Ce sont des opportunistes : une fissure dans un mur, une cavité dans un bâtiment leur suffisent pour construire un nid. Parfois, ils vont même jusqu'à expulser une hirondelle de son nid pour s'y installer…

*Femelle*

↔ 14-15 cm

*Mâle*

# Fringilles

Les fringilles sont de petits passereaux granivores (mangeurs de graines). Ils sont sociables, vivent souvent en bande, et sont bien répandus. Le mâle est généralement plus coloré que la femelle.

## Pinson des arbres

*Fringilla cœlebs*

Très commun, le pinson fréquente les arbres aux branchages espacés. Les buissons touffus n'ont pas ses faveurs. Observez-le picorer au sol les graines des herbes folles, avec sa démarche originale, mi-trottinant, mi-sautillant. De son chant, qu'il répète plus de **400 fois par heure** en période de reproduction, est née l'expression "gai comme un pinson".

↔ 15 cm

Mâle

Femelle

▸ Ailes barrées de blanc et queue bordée de blanc

● Forêts, parcs, jardins, bocages

## Chardonneret

*Carduelis carduelis*

Son nom lui vient de son menu favori : la cardère, grand chardon qui pousse sur les terrains vagues et les bords de chemins. Le chardonneret en extrait les graines, surtout en automne et en hiver.
A son grand malheur, et au mépris de la loi qui le protège, le chardonneret est apprécié par certains amateurs d'oiseaux de volières qui le capturent sans scrupule.

Adulte

↔ 14 cm

Jeune

▸ Tête barrée de rouge, de blanc et de noir, bande jaune sur l'aile

● Friches, parcs, campagne cultivée, vergers, bocages...

## Tarin des aulnes

*Carduelis spinus*

Les tarins nichent en altitude dans les forêts clairsemées, et en hiver affectionnent particulièrement les bouleaux et les **aulnes**. On les voit ainsi jouer les acrobates au bout des brindilles pour y déloger les **graines**. Vous les observerez souvent à proximité de l'eau, terrain de prédilection des aulnes.

Mâle

↔ 12 cm

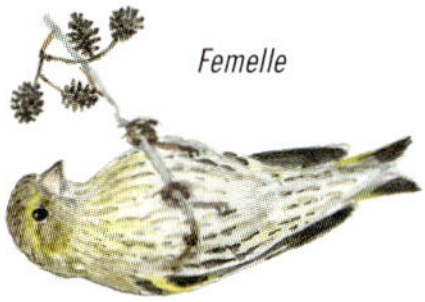

Femelle

▸ Ressemble au serin, queue noire avec une tache jaune de chaque côté, mâle avec menton et bonnet noirs

● Aulnes, bouleaux et conifères

▲ Migrateur

✚ Automne-hiver

# Linotte mélodieuse

*Carduelis cannabina*

▸ Plus petite qu'un moineau, corps long, queue fourchue. Se nourrit au sol, souvent en groupe. Les taches rouges du mâle sur le front et la poitrine apparaissent du printemps à l'automne.

● Friches, bocages, haies, arbustes

La linotte est-elle distraite, comme le suggère l'expression "tête de linotte" ? Cet oiseau a la manie de faire plusieurs nids, puis de les abandonner, comme s'il les avait oubliés. En fait, le mâle en construit plusieurs, et la femelle n'en choisit qu'un. Encore une réputation injustifiée ! Les graines des "mauvaises herbes" des champs forment sa nourriture favorite. Du fait de l'évolution de l'agriculture, l'espèce est en régression.

# Bouvreuil pivoine

*Pyrrhula pyrrhula*

▸ Bec épais, corps massif, croupion blanc, ventre rouge ou rose

● Forêts, parcs, jardins, vergers

Baptisé d'après la pivoine, fleur d'un **rouge** éclatant, le bouvreuil vous séduira avec son plumage coloré. Il passe l'essentiel de sa vie perché dans les arbres, où il cueille diverses graines. En hiver, il n'hésite pas à cisailler les bourgeons pour subvenir à ses besoins, notamment ceux des **arbres fruitiers**, au grand dam des jardiniers !

## Prise de bec

La morphologie d'un animal peut donner de précieuses indications sur son mode de vie. Ainsi, les oiseaux granivores sont équipés d'un bec court et épais alors que celui des oiseaux insectivores est plutôt fin et long.

# MÉSANGES

L'hiver, les mésanges se regroupent et se déplacent ensemble, parfois rejointes par des grimpereaux ou une sittelle : la **ronde** des mésanges est un spectacle qui ne vous lassera pas durant vos balades hivernales. **Acrobates**, ces oiseaux peuvent se suspendre aux fines branches pour déloger des insectes inaccessibles aux autres oiseaux. Les chenilles sont les proies les plus appréciées. Les familles nombreuses, souvent plus de 10 petits, sont courantes. A l'envol des jeunes, les parents sont à bout de force tant les allées et venues pour nourrir tout ce petit monde ont été incessantes depuis l'éclosion.

## Mésange charbonnière

*Parus major*

▶ Tête noire aux joues blanches, ventre jaune traversé par une bande noire large (mâle) ou étroite (femelle)

● Forêts, jardins, parcs…

## Mésange bleue

*Parus caeruleus*

▶ Petite taille, dessus de la tête, ailes et queue bleus

● Parcs, jardins, forêts, vergers…

## Mésange noire

*Parus ater*

▶ Petite taille, tête noire aux joues blanches, tache blanche sur la nuque

● Forêts et parcs composés de conifères

## Mésange huppée

*Parus cristatus*

▶ Petite taille, tête noir et blanc munie d'une jolie petite huppe

● Forêts de conifères ou mixtes

## Mésange à longue queue

*Aegithalos caudatus*

▶ Longue queue noir et blanc, bande blanche sur le dessus de la tête

● Forêts et bois assez denses, parcs, taillis…

## Mésange nonnette

*Parus palustris*

▶ Mésange aux couleurs ternes.

● Taillis, forêts denses, parcs…

# Reptiles et amphibiens

▶ Longue et fine couleuvre, verte foncée à noire, mouchetée puis striée de taches jaunes

● Lisières de bois, haies, vieux murs, bordures de chemins, maquis, endroits secs et ensoleillés

## Couleuvre verte et jaune

*Coluber viridiflavus*

Elle est appelée aussi "cinglant" ou "fouet" car lorsqu'elle est dérangée, la couleuvre verte et jaune s'enfuit très rapidement en fouettant les herbes de sa queue. Ne tentez pas de l'attraper : d'une part c'est interdit par la loi (elle est intégralement **protégée**) et d'autre part elle vous mordrait avec hargne ! Bien qu'elle soit complètement **inoffensive**, sa morsure est néanmoins douloureuse... Cette couleuvre passe le plus souvent inaperçue, cachée dans la végétation. Vous pourrez plus facilement l'observer aux mois d'avril-mai, lors de ses premières sorties de l'année. Elle hiverne sous terre dans un trou, une vieille souche, et parfois avec d'autres de ses semblables.

↔ 120 cm

▶ Couleuvre gris-vert parfois brune avec un collier clair

● Zones humides, bords de mares, d'étangs, de rivières

## Couleuvre à collier

↔ 70 cm

*Natrix natrix*

Son nom lui vient du **collier** qui orne son cou. De grandes écailles sur le dessus de la tête, un corps élancé et bien sûr son collier : vous ne pouvez pas la confondre avec une vipère ! Pour **se protéger**, la couleuvre à collier a plus d'un tour dans son sac. Si vous la surprenez, elle simule la mort à moins qu'elle ne laisse échapper un liquide nauséabond qui vous fera regretter de l'avoir rencontrée... Excellente **nageuse**, elle se nourrit d'amphibiens, de petits poissons et de campagnols... avant d'**hiverner** de novembre à avril.

▶ Une bande sombre lui barre l'œil, couleur brune, grise ou cuivrée

● Milieu sec, lisières de forêts, carrières, broussailles

## Coronelle lisse

↔ 60-75 cm

*Coronella austriaca*

La coronelle lisse est une couleuvre plus **rare** et plus **discrète**. Vous pourrez la rencontrer sur les talus broussailleux bien ensoleillés, surtout en début de matinée. Tandis que la couleuvre à collier s'est spécialisée dans la chasse aux grenouilles, la coronelle préfère les lézards et même d'autres serpents. Tel un boa, elle étouffe les plus grosses proies dans ses anneaux avant de les avaler tranquillement. Bien qu'elle soit inoffensive, elle est souvent confondue avec une vipère.

# Vipère aspic

*Vipera aspis*

↔ 55-80 cm

La vipère aspic a le **museau** un peu retroussé et de petites écailles sur la tête. Elle fréquente les milieux secs et buissonneux : haies, talus, pentes ensoleillées. Elle se nourrit de rongeurs et de lézards qu'elle mord par surprise de ses deux crochets **venimeux**. La malheureuse proie s'enfuit pour mourir un peu plus loin et la vipère n'a qu'à suivre tranquillement sa trace pour la retrouver.

▶ Couleur grise à brune, présence d'un zigzag très voyant sur le dos

● Haies, coteaux secs et pierreux, talus ensoleillés

# Orvet

*Anguis fragilis*

*Mâle*

*Jeune ou femelle*

L'orvet est un **lézard sans pattes**. Il a ainsi le pouvoir de s'auto-amputer pour échapper à un danger : il perd sa queue très facilement. Son nom latin lui vient de cette fragilité. Un autre surnom lui avait été donné pour la même raison : **serpent de verre**. Vous le trouverez souvent sous des pierres ou, de bon matin, dans l'herbe d'une lisière ensoleillée. Son aspect très lisse permet de ne pas le confondre avec un serpent.

↔ 50 cm

▶ Comme un serpent sans cou, ocre ou cuivré

● Jardins, bois, lieux humides, prairies, lisières

# Lézard des murailles

*Podarcis muralis*

↔ 17-20 cm

Le lézard des murailles est présent jusqu'au cœur des grandes villes mais les murs enduits de crépi, les chats et même les moineaux ont de plus en plus raison de lui ! Il est très friand de mouches et autres insectes volants. Il inscrit parfois des abeilles à son menu car il est **immunisé** contre leur venin.

▶ Longue queue, corps élancé, teinte très variable, gris, brun, rougeâtre…

● Vieux murs, talus ensoleillés, rocailles…

## Couleuvre ou vipère ?

### Couleuvre

- Longue, fine, effilée
- Pupilles rondes
- Tête plutôt ovale

### Vipère

- Pupilles de chat
- Silhouette trapue,
- Tête triangulaire
- Son dos est peint d'un "zigzag"
- Pas plus de 80 cm

*Généralement, vous verrez le serpent s'enfuir devant vous : regardez sa queue ! Si elle se termine brusquement, c'est une vipère ; si elle est longue et effilée, c'est une couleuvre.*

*Couleuvre*

*Vipère*

Femelle

▸ Corps (excepté le ventre) souvent entièrement vert, moucheté de noir ou de brun

● Haies, lisières, terrains secs et herbus

# Lézard vert

*Lacerta viridis*

Mâle

Ce lézard porte une grande confiance en sa belle robe verte, qui lui permet de passer **inaperçu** au milieu des herbes et des feuilles. Vous pourrez ainsi l'admirer sans qu'il bouge d'un millimètre. Mais en cas d'agression le lézard vert n'hésitera pas à vous **mordre** en pressant si fortement ses mâchoires qu'il peut rester pendu à votre doigt un bon moment… Rassurez-vous, sa morsure n'est pas dangereuse.
Avec de la chance, vous rencontrerez peut-être aussi le **lézard des Pyrénées** qui, souvent en léthargie ou en hivernage, demeure le plus méconnu de France.

↔ 35 cm

▸ Tortue aquatique, carapace aplatie, tête et corps olive, moucheté de jaune

● Etangs, grandes mares, rivières à cours lents, marais, fossés riches en végétation

▲ Hiberne d'octobre à mars et estive en juillet-août

# Cistude d'Europe

*Emys orbicularis*

La cistude est une petite **tortue d'eau douce** rare. Elle est surtout active au printemps. C'est au lever du jour que vous aurez le plus de chances de l'apercevoir. Avant de se mettre en chasse, elle doit augmenter sa **température** corporelle en s'exposant longuement au soleil, sur une pierre ou sur une branche. Au moindre bruit, elle se réfugie dans l'eau. La cistude se nourrit essentiellement d'insectes aquatiques et de têtards, accompagnés de quelques cadavres d'animaux… Ne la confondez pas avec la tortue de Floride (venue d'Amérique et vendue 1 euro dans les animaleries), trop souvent relâchée dans la nature et qui provoque la disparition de la fragile cistude. La pauvre a déjà fort à faire avec la destruction et la pollution de ses biotopes !

↔ 20 cm

# Euprocte des Pyrénées

RARE

*Euproctus asper*

Seules les eaux pures et bien oxygénées peuvent accueillir l'euprocte car celui-ci ne possède pas de poumon ! Il respire essentiellement par la peau. Lorsque la température de l'eau augmente au-delà de 20 degrés environ, l'euprocte commence alors sa vie terrestre. Il se cache en été sous les éboulis et les rochers en bordure de torrents ou de lacs. Ses pattes massives, ses griffes (car il en a) et sa queue musclée lui permettent de se maintenir dans les remous. Certains euproctes vivent dans des grottes et ne sortent jamais de l'eau.

▸ "Triton" à la peau très granuleuse, dos gris, brun ou verdâtre, ligne vertébrale jaune, ventre jaune orange au centre

● Eaux riches en oxygène, torrents, lacs sans vase, ruisseaux de montagne. Uniquement dans les Pyrénées généralement entre 700 et 2500 m d'altitude

↔ 10-14 cm

# Tritons

Au printemps, mâles et femelles se donnent rendez-vous dans les mares pour se reproduire. Vous les verrez souvent remonter à la surface de l'eau pour respirer. Chaque mâle a revêtu pour l'occasion son habit nuptial : une crête plus ou moins prononcée le long du corps et de la queue. Les œufs sont pondus un à un dans la végétation aquatique. La femelle replie méticuleusement chaque feuille sous laquelle elle a pondu son œuf. Lorsque la période de reproduction est terminée, tous les tritons sortent de l'eau et mènent alors une existence terrestre et nocturne. En journée, ils se cachent dans des lieux humides (sous les pierres, sous des tas de bois, dans les feuilles mortes…).

*Triton venant de respirer à la surface*

*Phase terrestre*

↔ 7-15 cm

## Triton palmé

*Triturus helveticus*

*Triton mâle en phase nuptiale*

*Larve de triton*

▸ Apparence d'un lézard sans écaille, queue plate verticalement

● Mares, bassins, étangs, trous d'eau, flaques, ornières…

# Salamandre tachetée

*Salamandra salamandra*

La salamandre est presque exclusivement **terrestre**. Les femelles ne se risquent dans l'eau que pour libérer leurs larves dès la sortie de l'hiver. Mauvaises nageuses, il arrive parfois qu'elles se noient ! Les salamandres ont besoin d'un taux important d'humidité : elles ne sortent que la nuit, ou sitôt après de bonnes averses. Une croyance racontait que la salamandre était capable de traverser le feu sans aucune brûlure… ! Elle fut l'emblème de François 1er. L'espèce est commune mais localisée (forêts, bois humides…).

▸ Corps massif noir et jaune, queue ronde, glandes derrière les yeux

● Forêts, bois, parcs…

↔ 20 cm

*Larve de salamandre*

▸ Peau verruqueuse, glandes bien visibles derrière les yeux, pupilles horizontales

● Jardins, forêts, parcs, friches…

# Crapaud commun

*Bufo bufo*

↔ 7-13 cm

Le crapaud migre à partir de mars vers ses lieux de **reproduction** (mares) distants parfois de plusieurs kilomètres. Il doit souvent franchir un obstacle impitoyable : les routes. Près de 90 % d'une population peut ainsi être éradiquée par les **voitures !** Inconscients de ce danger, les mâles, très excités, s'agrippent à tout ce qui bouge… L'extrémité d'une de vos bottes peut subir l'assaut d'un mâle impatient de s'accoupler ! En dehors de la période de reproduction, le crapaud commun vit sur **terre** un peu partout et ne sort que la nuit.

▸ Dos grisâtre couvert de petites verrues, pupilles de chat, pas de glande derrière la tête

● Gravières, carrières, talus ensoleillés, murs de pierre…

# Alyte accoucheur

*Alytes obstetricans*

L'alyte est un minuscule crapaud rare et localisé, aux mœurs très étonnantes. Le mâle attire les femelles en émettant une agréable note flûtée. Très attentionné, il prend en charge les œufs aussitôt après l'accouplement – d'où son surnom – et les transporte sur ses pattes postérieures pendant plusieurs semaines avant de rejoindre un point d'eau pour libérer les têtards. Au bout de quelques mois, ceux-ci peuvent atteindre 7 à 8 centimètres alors que les adultes n'excèdent pas 5 centimètres. L'alyte mène une existence presque exclusivement terrestre.

↔ 4-5 cm

*Mâle portant les œufs*

▸ Dos en général vert, parfois brun, orné de taches noires, souvent une ligne vertébrale claire

● Mares, bassins, étangs, fossés, bras morts ensoleillés, avec de la végétation aquatique

# Grenouille verte

*Rana esculenta*

↔ 8-10 cm

La grenouille verte passe l'essentiel de sa journée dans l'eau ou sur les berges pour se chauffer au soleil. A la moindre alerte, elle **plonge** et se cache dans la vase. Très vorace, elle se nourrit d'insectes, d'alevins et parfois de petits rongeurs ! Vous l'entendrez chanter pendant presque toute la belle saison. En avril, les grenouilles vertes s'accouplent et pondent leur amas d'œufs.

## Du têtard à la grenouille

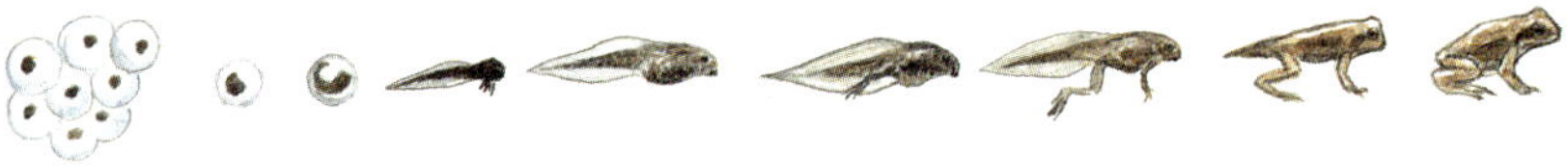

# Grenouille rousse

*Rana temporaria*

Les **grenouilles rousses** sont des animaux nocturnes. Dès février, elles commencent à sortir de leur **sommeil** hivernal pour aller se reproduire. Des milliers de batraciens retournent alors dans l'eau pour s'accoupler et pondre leurs œufs. La nuit, un concert discret retentit : les ronflements sourds des mâles ont pour but d'attirer les femelles. Au bout de trois semaines, toutes retourneront à leur **vie terrestre**, jusqu'au printemps prochain.

↔ 6-9 cm

Vous rencontrerez parfois l'une de ses cousines, qui lui ressemble : il s'agit de la **grenouille agile**, capable d'effectuer des bonds de deux mètres.

▶ Dos brun, beige ou roux, bande noire derrière l'œil

● Prairies inondables, forêts, mares, étangs, jardins...

# Rainette verte

↔ 3-5 cm

*Hyla arborea*

Malgré leur petite taille, les rainettes vertes peuvent se faire entendre, de mai à juillet, à plus de un kilomètre à la ronde. Cachées dans un roncier ou sur un saule, elles sont presque invisibles pendant la journée sauf par temps de pluie quand elles se mettent à chanter. Leur population est en nette régression : les mares sont trop souvent comblées et les prairies humides drainées.

*Rainette verte perchée*

▶ Dos d'un joli vert, pelotes au bout des doigts, bande sombre qui part de l'œil et sépare le dos du ventre

● Mares, étangs, roselières...

## Les conseils du naturaliste

### Les reptiles

Pour observer les reptiles, il faut les surprendre soit dans leur habitat, soit aux heures et dans les lieux où ils sont les plus actifs. Le plus souvent, votre rencontre avec un serpent résultera du hasard. Animaux à **sang froid**, les reptiles ont besoin du soleil pour se réchauffer et capter de l'énergie. Au petit matin, le long des chemins, soyez attentif aux pierres qui peuvent servir de reposoir à une couleuvre.

### Batraciens et amphibiens

La plupart des grenouilles, des crapauds, des tritons et autres salamandres ne se rendent que **rarement** à la mare, et c'est essentiellement pour se reproduire. Les lieux humides restent bien sûr des endroits privilégiés pour les rencontrer, mais un fossé, un chemin boueux ou une simple flaque peuvent leur convenir. La meilleure possibilité pour observer un batracien est de marcher sur un **chemin forestier**, la nuit, après une bonne pluie. Avec un peu de chance, vous pouvez même assister, à certaines saisons, à des **sorties massives** de crapauds qui se rendent de concert à la mare. Attention de ne pas les écraser !

# Insectes

## PAPILLONS

Le papillon pond ses **œufs** dans la végétation. Après incubation et éclosion, une **chenille** voit le jour. Elle vit sur les plantes, jusqu'à ce qu'elle se fixe sur une tige pour devenir une **chrysalide**. Enfin, émergeant de la chrysalide, un **papillon** apparaît. Il vivra au moins le temps de s'accoupler et de pondre.

*Citron*

*Piéride*

*Apollon*

*Vulcain*

*Aurore*

*Paon du jour*

*Petite tortue*

*Vanesse des chardons*

# Libellules

Les **libellules** se divisent en deux groupes : les plus grandes sont les libellules, et les plus petites sont appelées **demoiselles** (agrion et caloptéryx).

# Autres insectes

Les **guêpes**, les **frelons** et les **abeilles** ne piquent volontairement que si vous vous approchez trop près de leur nid - à moins d'une erreur, d'un choc, etc. La **syrphe** est un bel exemple de mimétisme : malgré sa ressemblance avec une guêpe, elle est incapable de piquer !
Les **coléoptères** forment une famille d'insectes très spectaculaire. Ils ont transformé leur paire d'ailes antérieures en élytres, ce qui leur confère la protection d'une carapace. Le lucane cerf-volant est le plus grand coléoptère d'Europe.

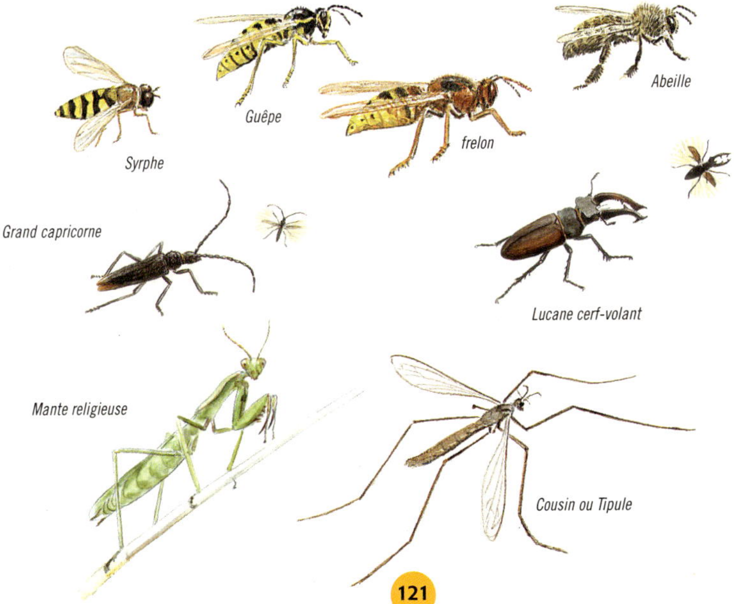

# Mini-flore

## Reconnaître quelques arbres

**Bouleau**

**Sapin**

**Chêne**

**Epicéa**

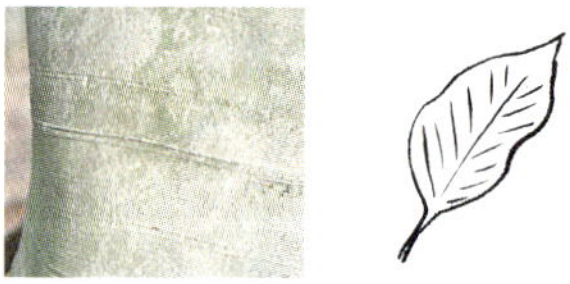

**Hêtre**

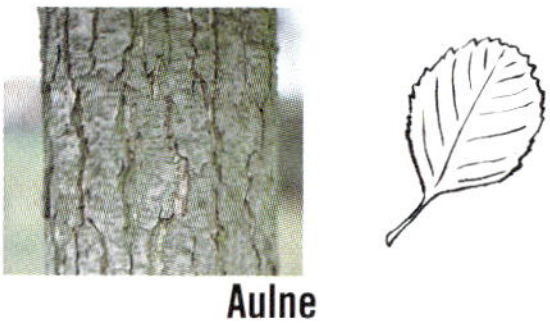

**Aulne**

*Sapin commun*

*Épicea*

*Pin à crochets*

*Hêtre*

*Aulne*

*Saule*

*Bouleau*

*Châtaignier*

*Chêne*

# Quelques fleurs des Pyrénées

Etage montagnard, forêts de hêtres

**Pavot de Galles**

*(Meconopsis cambrica)*

Ce joli coquelicot jaune soufré pousse en sous-bois frais et humide. Sa toxicité est égale à sa beauté.

Etage subalpin, landes et prairies

**Carline acaule** *(Carlina acaulis)*

Cette sorte de chardon possède une fleur qui pousse au ras du sol. On l'appelle aussi plante baromètre, puisque sa fleur dorée, même sèche, s'ouvre par beau temps et se ferme par mauvais temps. Ne la touchez pas, car malgré ses vertus médicinales, sa cueillette est interdite.

Etage montagnard ou subalpin, milieux humides

**Grassette** *(Pinguicula sp)*

Dans les tourbières ou près des torrents, peut-être verrez-vous cette petite plante insectivore. Sa fleur ressemble à s'y méprendre à la violette. Ses feuilles en rosette sont de véritables pièges à insectes. Les moucherons et moustiques viennent se coller au suc et seront rapidement digérés. Touchez la feuille, vous serez surpris par son aspect glissant. Rassurez-vous, votre doigt ne sera pas digéré.

*Etages montagnard, subalpin, alpin...* **Pour quelques précisions, voir page 10.**

Etage alpin, rochers siliceux

**Silène acaule** *(Silene acaulis)*

La silène acaule, appelée aussi “mousse fleurie”, est une plante en coussinets piquetée de petites fleurs rose vif. Elle a dû s'adapter aux rudes conditions de vie en montagne. Les coussinets compacts formés par ces feuilles permettent de protéger ses épidermes contre les vents glaciaux. Ils jouent aussi un rôle de tampon thermique en atténuant les effets des grandes chaleurs ou des grands froids.

Etages subalpin et alpin, milieux rocailleux

**Joubarbe** *(Sempervirum sp)*

Appelées couramment “petits artichauds” du fait de leurs rosettes denses, ces petites crassulacées, qui poussent sur les rochers, font des réserves d'eau dans leurs feuilles et tige pour pallier le dessèchement important en haute montagne. Ce sont également des plantes médicinales utilisées pour les plaies, les dermatoses et les verrues.

Etages montagnard et subalpin, forêts et landes

**Lys martagon** *(Lilium martagon)*

Cette grande plante de plus d'un mètre, aux fleurs en grappes rose violacé ponctuées de pourpre, se repère également à son feuillage verticillé (placé en étage).

**Note : ces fleurs peuvent s'observer du mois de juin au mois d'août.**

# Lieux de visites et sorties **nature**

*Les organismes ci-après permettent d'aborder intelligemment les Hautes-Pyrénées. Certains d'entre eux proposent des sorties encadrées par des animateurs. Idéal pour approfondir votre connaissance de la nature dans les environs.*

### ▶ Natura

Tout au long de l'année, les accompagnateurs en montagne naturalistes de l'association proposent des séjours originaux, à travers les sites les plus sauvages et spectaculaires des Pyrénées. Du week-end au périple de plusieurs semaines.
Randonnées pour groupes à la demande.
Brochure gratuite.
**7, chemin de Pouey-Castet**
**65400 Ayros-Arbouix – Tél : 05 62 97 99 65**
**www.e-natura.com**

### ▶ Centre permanent d'initiatives pour l'environnement

Expositions environnement et sorties nature en juillet/août. Classes de découverte, formations, interventions scolaires toute l'année.
**5, chemin du Vallon de Salut - BP 123**
**65201 Bagnères-de-Bigorre Cedex**
**Tél. 05 62 95 49 67**
**cpie.Bigorre-Pyrenees@wanadoo.fr**

### ▶ Parc national des Pyrénées

Le parc a pour missions de préserver la biodiversité, les paysages et les sites, accueillir le public, concilier protection de la nature et activités économiques, contribuer au développement durable des vallées. Voir p. 4 pour plus d'informations.
**Une Maison du parc par vallée.**
**Siège : 59, route de Pau - F 65000 Tarbes**
**Tél. 05 62 44 36 60 – www.parc-pyrenees.com**

### ▶ Hautes-Pyrénées Tourisme Environnement

Le Conseil général publie une abondante documentation sur les activités de pleine nature dans le département. Brochures Randonnée, Vélo, Sports, Neige, guide pratique, guides d'hébergement, carte touristique… Vous pouvez les demander par le site Internet.
**11, rue Gaston Manent - BP 9502**
**65950 Tarbes Cedex 9**
**Tél. 05 62 56 70 65**
**tourisme.hautes-pyrenees@cg65.fr**

### ▶ Maison des Pyrénées

Pour les Parisiens qui veulent avoir un avant-goût des Pyrénées sans plus attendre, la Maison des Pyrénées propose une documentation variée.
**15 rue St Augustin - 75002 Paris**
**Tél. 01 42 86 51 86**
**www.maisonsregionales.com/pyrenees.htm**

### ▶ Jardin botanique du Tourmalet

La flore sauvage pyrénéenne regroupée par milieu et altitude (2 ha, 2500 espèces). Visites guidées tous les après-midi. Jeux à la disposition des enfants. Vente de plantes, liqueurs, confitures. Production de génépi et de plantes médicinales. Ouvert du 15 mai au 15 septembre.
**Pont de la Gaubie - 65120 Barèges**
**Tél. 05 62 92 18 06 ou 05 62 42 09 85**

## ▸ Arboretum du Pibeste

Parcours pédagogique sur le versant sud du pic du Pibeste à la découverte d'une flore quasi-méditerranéenne. Départ du village d'Ouzous par un sentier balisé. Arboretum à environ 1h15 du départ.

**Informations :**
**Office de tourisme d'Argelès-Gazost**
**15 pl. République - 65400 Argelès-Gazost**
**Tél. 05 62 97 00 25**
**infos@argeles-gazost.com**

## ▸ Conservatoire botanique pyrénéen

Conservatoire national consacré à la connaissance et à la conservation de la flore sauvage, notamment celle de la région Midi-Pyrénées. Centre de documentation ouvert aux chercheurs et aux naturalistes le mardi matin de 9h à 12h et le jeudi après-midi de 14h à 17h ou sur rendez-vous.

**Vallon du Salut - 65203 Bagnères-de-Bigorre**
**Tél. 05 62 95 85 30**
**cb.pyreneen@laposte.net**

## ▸ Donjon des aigles

Château féodal du XIe siècle aménagé en exposition de rapaces (nés en captivité). Spectacle animalier en musique tous les après-midi dans les règles de la fauconnerie traditionnelle.

**Château de Beaucens - 65400 Beaucens**
**Tél. 05 62 97 19 59**
**donjon-des-aigles@wanadoo.fr**

## ▸ Pavillon des abeilles

Découverte de la vie des abeilles. Expositions, ruche vivante, dégustations gratuites. Apprendre à fabriquer son pain d'épice, son miel, ses produits cosmétiques, ses bougies. Ateliers pour les enfants.

**23, bis avenue du Mamelon vert**
**65110 Cauterets**
**Tel. 05 62 92 50 66**
**ballot-flurin@apiculteurs.fr**

# A lire

## • Fleurs des Pyrénées faciles à reconnaître

**Philippe Mayoux – Rando Editions**

Petit guide pratique simple et clair pour reconnaître et nommer les fleurs de la région.

## • Les Pyrénées, la vie sauvage en montagne et celle des hommes

**Claude Dendaletche – Ed. Delachaux et Niestlé**

La nature et la place de l'homme dans les Pyrénées d'hier et d'aujourd'hui.

## • Hier, en vallée de Campan

**Georges Buisan**

Histoire du pastoralisme dans la vallée de Campan

## • Bagnères au fil de l'eau et du temps

**C.P.I.E. Bigorre-Pyrénées**

Balades dans et autour de Bagnères-de-Bigorre, ville d'eau.

# Index

Les numéros en **gras** renvoient au guide d'observation.
Cochez les espèces identifiées ✗

A Caroline.

Toutes les illustrations sont de Jean Chevallier.
Les textes introductifs sur le Parc national des Pyrénées ainsi que sur la réserve naturelle du Néouvielle sont de Gautier Bonin. Ceux sur la réserve naturelle volontaire du Pibeste ont été rédigés par l'association Natura. Les textes sur la réserve naturelle volontaire de la vallée d'Aulon ainsi que celui intitulé "Quelques fleurs des Pyrénées" ont été écrits par le Centre Permanent d'Initiatives pour l'Environnement (CPIE) Bigorre-Pyrénées. L'introduction sur le lac de Puydarrieux est de Karine Pelosse (Maison de la nature).

**Balades :**
Laurent Nédélec et Fabien Salles (gardes-moniteurs du parc national des Pyrénées), Stéphane Martineau (association Natura), CPIE Bigorre-Pyrénées.

**Dakota Editions :**
Directeur éditorial : Jean-Damien Lepère. Responsable de la collection : Axel Vicq. Assistante d'édition : Anne-Sophie Rogé. Conception graphique et mise en pages : Capucine Deslouis. Partenariats : Cyprien Neveu.

**Remerciements :**
Merci à tous les auteurs pour la qualité de leur travail et leur enthousiasme, à Laurent Nédélec pour son aide, à Fabrice Loos (CPIE Bigorre-Pyrénées) pour sa contribution au guide d'observation et ses précieux conseils, au Parc national des Pyrénées pour la relecture des textes le concernant, à Hautes-Pyrénées Tourisme Environnement pour sa documentation. Merci également à la fondation Nicolas Hulot pour la Nature et l'Homme.

Ces guides n'existeraient pas sans les **associations de protection de la nature**, les parcs naturels régionaux, les parcs nationaux, les réserves naturelles et des institutions comme le Conservatoire du Littoral. Ces guides n'existeraient pas sans le travail essentiel de ces organismes et de ceux qui les soutiennent. Penser globalement, agir localement.


ISBN 978-2-84640-192-0
Dépôt légal : 1er trimestre 2007


**Malgré le soin apporté à cette édition, elle ne saurait être parfaite.**
**N'hésitez pas à nous écrire pour nous faire part de vos remarques.**

Dakota Editions, 45, rue Saint-Sébastien, 75011 Paris – Tél. : 01 55 28 37 00, fax : 01 55 28 37 07

Crédit photo
(Les lettres indiquent l'emplacement de la photo, de gauche à droite et de haut en bas)

Luc Adisson : 68. Jean Chevallier : 122a, b, c, d, e, f. Conservatoire botanique du Bassin parisien : 23b, 34, 35, 71a, 71b. CPIE Bigorre-Pyrénées : 28, 30, 31, 60a, 64, 65, 67, 69, 72, 123a, b, c, d, e, f. David Fauquemberg : 6a, 6b, 36. Stéphane Martineau : 7a, 38, 40, 44, 47, 48, 51, 52, 54, 55. Jérôme Loiret : 75, 76. Fabrice Loos : 56a, 56b, 57, 58, 59, 60b, 66a, 66b. Guy Maillé : 7b, 62, 63. Maison de la nature (Puydarrieux) : 8a, 8b. Laurent Nédélec : 11, 12, 17, 18, 32, 34a. Phovoir : 4, 5. Fabien Salles : 22a, 22b, 23a, 24, 25, 26a, 26 b, 27.

Couverture : Cirque de Gavarnie © Phovoir

Imprimé en France par MAME sur Cyclus, papier 100% recyclé, ayant obtenu l'éco-label La Fleur

Licens nr.: DK/11/1

**Nous écrire par e-mail : baladesnature@wdakota.com**
**En savoir plus sur Dakota Editions : www.dakotaeditions.com**